谨以此书，献给我即将出生的孩子，
妈妈将这本书，作为欢迎你来到这个世界的第一份礼物。
愿我们：各自独立，共同成长，彼此尊重，相互成就！

先懂孩子，再教孩子

7堂亲子沟通课

多多老师◎著

中国铁道出版社有限公司
CHINA RAILWAY PUBLISHING HOUSE CO., LTD.

图书在版编目（CIP）数据

先懂孩子，再教孩子：7堂亲子沟通课 / 多多老师著. -- 北京：中国铁道出版社有限公司，2025.3.
ISBN 978-7-113-31987-8

Ⅰ.G78

中国国家版本馆 CIP 数据核字第 20250G3S48 号

书　　名：先懂孩子，再教孩子：7堂亲子沟通课
　　　　　XIAN DONG HAIZI, ZAI JIAO HAIZI：7 TANG QINZI GOUTONG KE
作　　者：多多老师

责任编辑：巨　凤	电话：（010）83545974
封面设计：宿　萌	
责任校对：安海燕	
责任印制：赵星辰	

出版发行：中国铁道出版社有限公司（100054，北京市西城区右安门西街8号）
网　　址：https://www.tdpress.com
印　　刷：河北宝昌佳彩印刷有限公司
版　　次：2025年3月第1版　2025年3月第1次印刷
开　　本：880 mm×1 230 mm　1/32　印张：6.75　字数：140千
书　　号：ISBN 978-7-113-31987-8
定　　价：59.00元

版权所有　侵权必究

凡购买铁道版图书，如有印制质量问题，请与本社读者服务部联系调换。
电话：（010）51873174，打击盗版举报电话：（010）63549461

推荐序

12月12日上午,多多老师来到我办公室,坐在我对面,跟我讲她的人生经历,讲她的事业求索,讲她如何将自己的实践、思索,以日积月累的方式凝结成这本书——《先懂孩子,再教孩子:7堂亲子沟通课》。

多多老师邀请我为这本书作序,并告诉我明年4月,她的孩子就要出生了,她将把这本书作为礼物送给她即将出生的孩子。

多多老师的这个行动深深地触动了我,我不禁对眼前这位年轻的母亲产生了由衷的敬意。我想,她腹中的孩子该是何等幸运,世界上又有几个孩子能得到如此珍贵而神圣的礼物啊!

好在多多老师专职做家庭教育,她可以用这样的方式给更多家庭做一个示范,通过她的书籍来引导千千万万个家庭走上一条开满幸福之花的教育之路。

我做全民阅读,也从事教育工作,向全社会推广多多老师和她的书籍,成了责无旁贷的使命。

最初,我以一个资深教育工作者的身份来阅读这本书,为写好序言寻找亮点;慢慢地,我变成了这本书的朋友,从字里行间读多多老师的故事，体会这本书的思想；再后来，我变成了一个家长，思考我该如何用好这本书，教育我的子孙后代。

写序，是一份任务，难免疲倦；但阅读，是一种温暖，卸下压力，云淡风轻；而学习，则是沉甸甸的收获过程。下面，我来谈谈我的收获！

一、收获理念。多多老师从事亲子咨询工作17年，一边学习，提升个人专业素养，一边给家长做个案咨询，倾听遇到育儿困惑的父母讲述案例，一边思考和总结解决问题的方法。在这个漫长的过程中，她总结出八百条"多多育儿说"和八百个陪伴小练习；正是基于这些扎实的积累，多多老师提出了原创的"亲子沟通三角形模型"。倾听、接纳、引导，是三角形的三个顶点；洞察孩子需求、增加彼此信任、实现沟通目标，是三角形的三条边。多多老师说："亲子沟通在我看来，应当是一个稳定且良性的互动过程，宛如一个循环不息的三角形。"

我曾经听一位著名教授讲："判断一个人是不是学者，要看他是否为学术版图贡献了新的内容。"以此为标准，可见多多老师的"亲子沟通三角形模型"为家庭教育的学术版图贡献了新的内容，这十分了不起！

二、收获方法。一本书，仅仅提供理念是不够的，大道理谁都能讲一些，但多多老师的书中，更加坚实的内容是长期实践中总结出来的"小方法"。比如"3.5沟通的气氛轻松一点，你更容易获得孩子的信任"中提到，<u>沟通双方要遵循的沟通原则就是：避免触发反抗机制，不说"你应该"，而说"我需要"</u>。

文末书中还给出具体的"小练习"：<u>每天用"我需要"开头，对你的孩子或伴侣说一句话，并仔细观察他们的反应。例如：儿子／女儿，我需要你帮我捏捏肩膀；老公／老婆，我需要你抱抱我……</u>

这些非常实用的"沟通原则"和"小练习"，是这本书最闪亮的金点子，也是与众不同的硬实力。

对于每一对年轻的父母来说，如果能早一些得到这些知识，就会大大减少教育成本，让孩子收获幸福的童年和一家人和美的生活。

三、收获希望。在与多多老师的交流中，我发现她这本书的创作过程和我近些年推广的"五真写作法"不谋而合——以朴素的语言写作，内容真实，饱含真情，是真知灼见，闪耀真理之光，拥有真我风格。我曾经讲过，"五真俱全"的作品必真气淋漓，可将陶行知先生倡导的"千教万教教人求真，千学万学学做真人"的教育思想落实到生活之中。

这本书是"从一句话到一本书"学习项目的示范之作。我真诚地期待这本书早日问世，我会首先推荐给我的孩子们阅读，再推荐给我所有的朋友们。同时，我向多多老师发出邀请，邀请她成为我正在搭建的"锦书馆"平台的首席内容官。

真诚地希望大家和我一样，能从这本书中收获崭新的家庭教育理念，收获管用的亲子沟通方法，进而收获美好的亲子关系。

赵云良

吉林省全民阅读协会会长

2024年冬至写于长春

这世上大多数聪颖的孩子并非天生如此，而是得益于他们有善于沟通的父母。父母的话语蕴含着无穷的力量。他们与孩子的沟通方式，不仅塑造了孩子的语言模式，还深刻影响着孩子的成长轨迹。

沟通这件事，千万不能小看。沟通既是父母实现教育目标的重要途径，也是加深父母与孩子情感联系的纽带。父母每日对孩子说的话，无形中构成了一种"氛围场"。请回想一下，你每天对孩子说的话，是在滋养他们的心灵，还是无意中给他们带来了伤害？

我从事亲子咨询工作长达17年。在这期间，我倾听了许多父母倾诉与孩子相处中的种种挑战。他们渴望理解孩子、帮助孩子，但难以触及孩子的内心世界，这让许多父母感到无助、焦虑和迷茫。

在深入分析了大量个案咨询后，我发现，这些在亲子关系中陷入困境的父母们，其实都遇到了同样的障碍——他们不擅长与孩子进行有效的沟通。从孩子出生到长大成人，无论是日常的吃喝拉撒、习惯养成，还是品格教育、价值观的培养，沟通都是每个家庭必须面对的重要课题。

于是，我将亲子沟通的底层逻辑、方法和工具，层层递进地传授给他们。令人惊奇的是，原本沉默寡言的孩子开始愿意表达自我；原本争吵不休的父女能够坐下来心平气和地交谈；原本脾气暴躁的母亲也能有耐心地倾听孩子的心声。这些变化让我深感欣慰，让我下定决心将提升父母亲子沟通能力的方法论撰写成书，以帮助更多的父母。

在我看来，亲子沟通应当是一个稳定且良性的互动过程，宛如一个循环不息的三角形。所以，我将这套方法论称为"亲子沟通三角形模型"（简称"沟通三角形"）。

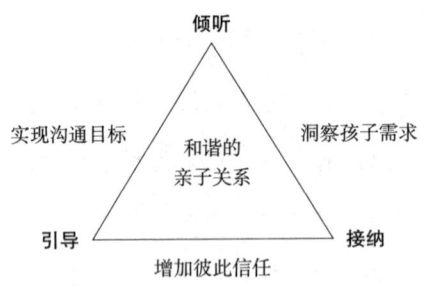

"亲子沟通三角形模型"

倾听、接纳和引导，构成了"沟通三角形"的三个关键角。需求、信任和目标则是使"沟通三角形"更加稳固的三条边。在三个角与三条边的相互作用下，亲子沟通变得稳定、持久且愈发轻松。

倾听，是沟通的基础，无倾听则不成沟通。 在亲子沟通之初，

前言

孩子感受敏锐,最渴望的是父母专注而耐心地"倾听"。缺乏倾听的沟通,就如同没有电流的电灯或失去网络连接的手机。

接纳,是父母与孩子建立真正连接的起点。无论听到什么,父母都无须急于制止或纠正,而是要接住孩子的"情绪接力棒",接纳他们的不完美与不足,给予他们成长与进步的空间,同时珍视孩子的小确幸,激发他们的动力与信心。

引导,是父母启发孩子主动思考,让孩子从问题中寻找机遇的良策。通过提问与追问,父母可以更深入地了解孩子的真实感受与想法。

父母能够妥善倾听与接纳时,便能在沟通中洞察孩子的真实需求,为沟通的顺利进行奠定坚实基础;父母能够一边接纳一边引导时,孩子便能感受到被理解、被信任与被支持,从而增进父母与孩子之间的信任,也是亲子沟通中"拆墙搭桥"的关键一步,为双方之间的深度沟通播下亲密的种子;父母能够做好倾听与引导时,孩子在亲子沟通中便会在潜移默化中受到启发,萌生更多智慧,沟通结束后能更积极地与父母达成共识,实现沟通目标。

亲子沟通最终的核心目标是帮助父母与孩子建立和谐的亲子关系,父母要和孩子站在一起打败问题,而不是和问题一起打败孩子。通过一次次的沟通,亲子关系会更和谐、更亲密、更幸福!

本书共7章,第1~6章为父母们揭秘"亲子沟通三角形模型"的六大要素:倾听、接纳、引导、需求、信任、目标。第7章通过亲子沟通中的五大关键话题，带父母们体验积极、乐观、主动、公平的亲子沟通有多美妙。书中案例均为真实案例，感谢父母们对我的信任。书中涉及人名均为化名，如有雷同纯属巧合。

本书适合不同阶段的父母阅读和使用，学龄前孩子的父母通过阅读本书，可以更加了解你的孩子，埋下一颗懂他的种子，为日后开展有效、亲密且深刻的沟通，做好充足的准备；学龄期及青春期孩子的父母通过阅读本书，可以与孩子建立新的沟通模式，用智慧的语言滋养孩子，用科学、有效的方法助力自己做更轻松的父母。希望父母们能将"亲子沟通三角形模型"活学活用，培养成一项永久技能，就像骑自行车一样，不会因时间流逝而遗忘或减退，反而会随着时间和经验的积累变得越来越强。

在此，我要感谢理解和支持我的家人，鼓励和帮助我的朋友们，更要感谢这么多年来，一直信任我、尊重我的家长朋友们，正因有你们的理解、支持与陪伴，才让我在亲子教育这条路上奋力前行。

还要特别感谢我的编辑巨凤老师，是她一直用专业和耐心鼓励着我、陪伴着我，在我即将待产的特殊时期，帮助我将这本书顺利地带到各位读者朋友的手上。

书中难免有疏漏，敬请谅解，希望这本书能带给父母们不一样的收获。

作者
2024 年 11 月

第1章 倾听，是亲子沟通的"金钥匙"

1.1 用好"黄金15分钟"，做孩子倾诉的"树洞"..........004
1.2 在游戏中倾听，降低孩子的压力值..................009
1.3 与孩子调到同一"频道"，使沟通不费力............013
1.4 一幅儿童画，帮你听懂孩子的"心里话"............017
1.5 想让孩子听你说，请先学会倾听"三步法"..........022

第2章 洞察孩子的需求，是有效沟通的基础

2.1 孩子委屈/失落时，他需要的不是安慰，而是陪伴.....032
2.2 孩子闯祸/犯错时，他需要的不是批评，而是理解.....040
2.3 孩子得意忘形时，他需要的不是制止，而是提醒........047
2.4 看见孩子每个情绪背后未被满足的心理需求.................053
2.5 用感谢的话，强化孩子的好品行..........................058

第3章 接纳，是与孩子真正建立连接

3.1 接纳孩子的不完美，蓄满孩子的"能量杯"...........067
3.2 允许孩子做不到，接住孩子的"情绪棒"..............071

3.3 你的会心一笑，化解孩子所有悲伤 075
3.4 感受到"被理解"后，孩子才会主动转身面向问题 079
3.5 沟通的气氛轻松一点，你更容易获得孩子的信任 085

第4章 增加信任，与孩子彼此敞开心扉

4.1 当众"不揭短"，给孩子留面子 091
4.2 请停止对孩子使用"语言暴力" 096
4.3 给足孩子安全感，孩子才敢和你说 103
4.4 建好边界感，孩子才会愿意和你说 110
4.5 营造好氛围感，孩子更乐意听你说 115

第5章 引导，帮孩子打造"成长型思维"

5.1 巧用"yes, and（是的，而且）"引导孩子多说点 121
5.2 正确使用"5W1H法则"，你问他/她不烦 127
5.3 利用"三层追问"让孩子的思考和表达更有深度 132
5.4 没有行动，所有的引导都只是空谈 139
5.5 启发孩子看见"第三条路" 143

第6章 实现沟通目标，用你的话滋养孩子长大

6.1 少说"你"，多说"我"和"我们" 152
6.2 有价值感的孩子，更愿意全力以赴地做事 157
6.3 多向孩子发出合作邀请，让孩子不再孤军奋战 161

6.4 用爱和尊重的语言，帮孩子提升"配得感" 165

6.5 联结家人，团结盟友 171

第7章 父母和孩子的五场"关键对话"

7.1 格局教育：如何让"道歉"充满力量 178

7.2 心态教育：如何跟孩子谈"输赢" 182

7.3 性教育：如何跟孩子聊聊"爱"与"被爱" 187

7.4 财商教育：如何跟孩子谈"钱" 192

7.5 生命教育：如何帮孩子理解"告别"与"死亡" 197

第1章

倾听,是亲子沟通的"金钥匙"

"善于倾听的人,往往更善于沟通。"

——迈尔斯·鲁珀特

亲子沟通无效甚至亲子关系恶化,大概率归咎于父母"不会倾听"。那么,倾听的难点究竟在哪里?

我们常常被自己的思绪、偏见或急于表达的想法所干扰,难以真正理解和感受孩子当下的情感与需求。同时,我们的身份也可能让我们难以保持耐心和同理心去倾听孩子。然而,倾听是沟通的基石,只有做好倾听,才能为和谐有效的亲子沟通打下坚实基础。

只要用心,倾听其实并不难。有个盲人按摩师的故事能说明这一点。

一天,这个按摩师给一位顾客按摩时,顾客问她:"眼睛看不见,会不会给你的生活带来很多不便?"她回答道:

"虽然我的眼睛看不见了,但我的心却更加明亮,我能听到许多声音,你听,这是情绪的声音。"

顾客仔细一听,确实如此,比如对面顾客的关门声。她解释道:"按照轮班,原本不是我给你按摩,而是另外一个人。你来的时候他不在,所以就排到我给你按摩了。因为我们这里不会让客人等待,当班的按摩师不在时,就会叫下一个来顶替,现在他来了,有些生气。"顾客说:"那这个事不怪你,他为什么会有情绪呢?"她回答:"他可能是对自己生气,也可能是对我生气。"

顾客接着问:"你还能听见些什么?"她说:"你走路时脚步声匆匆忙忙,你说话时,我能分辨出是你在说话,还是情绪在说话,是你的认知在表达,还是你的习惯在作祟,这些我都能听得到。"

你看,成为一个好的倾听者多么神奇。

1.1 用好"黄金15分钟",做孩子倾诉的"树洞"

我常常对我的个案咨询家长说:"要先懂孩子,再教孩子,而懂的前提就是倾听。若想让孩子向我们敞开心扉,我们必须学会成为孩子的'树洞'。"

"心理树洞"这一概念源自"树洞"本身,指的是树木在遭受虫蛀或外力损伤后,经过长年累月形成的空洞,特别是那些依然保持生命活力的树木所形成的空洞。这个词的起源可以追溯到古希腊的童话,它被用来形容那些不能告人的秘密、内心的纠结,以及强烈的倾诉欲望。

最初,"树洞"的形式是匿名信件,但随着传播媒介的不断发展,"树洞"的形式也在不断变化,变得更加多元化和人性化。现实中,有些父母只顾说不爱听,这么做到底有什么后果呢?让我们来看下表。

阻碍父母实现全然倾听的10个因素

序号	因素	说明
1	未卜先知	孩子刚开口,话音未落,你便猜到他接下来要说什么,然后抢答,有时猜得对,有时猜得不对,但孩子往往不敢纠正你
2	缺乏耐心	你觉得孩子说得太慢、太啰嗦,无法耐心听完

第 1 章 倾听，是亲子沟通的"金钥匙"

续上表

序号	因素	说明
3	忽视独立性	你没有把孩子当作独立的个体，认为他只是一个小孩，觉得他说不出什么重要的话，因此不听也罢
4	害怕失控	你担心孩子说出你当下无法应对的话语，索性让他闭嘴，这种情况在有外人在场时尤其容易发生
5	时间价值不对等	你认为自己的时间更宝贵，应该去做更重要的事，而不是听一个小孩讲话。因此，你可能会对孩子说："别跟我说了，去跟你奶奶（或爸爸、爷爷、姥姥等其他家庭成员）说去"
6	身体精力匮乏	这种情况较少，通常发生在妈妈怀孕、照顾新生儿期间或父母生病时
7	缺乏兴趣	你对孩子的话不感兴趣，听孩子讲话觉得很无聊，因为他的"奇遇记"在你看来只是一些司空见惯的日常小事，因此常常敷衍回应
8	情绪能量低	当你情绪低落时，孩子越在你耳边说话，你越烦躁，甚至容易训斥孩子
9	习惯性帮助	孩子刚说一句，你就忍不住插话，打着为他好的旗号不停地打断、纠正、出主意、提建议，导致沟通陷入僵局
10	父母话痨	孩子提起的一个小话题，立刻就能激起你的表达欲，一发不可收拾，把两个人的沟通变成了你个人的"表达秀"

表中列举了10个阻碍父母实现全然聆听（只顾说不爱听）的因素，正在看书的你占了几条呢？你或许会问：上面的10条原因，我占了好几条，是不是没救了？别急，我们先来分析一下。

只顾说而不爱听的沟通方式，会大大降低亲子沟通的效果。具体表现为：

（1）如果父母对孩子的话不感兴趣，会在孩子幼小的心灵里埋下一颗"我不被喜欢"的种子，让孩子产生强烈的"不配得感"。这样的孩子长大后，往往不敢表达自己的观点，总是害怕被别人忽视和嘲笑，自愿当个透明人。因为他们在父母那里从未体验过被重视的感觉，所以认为自己的想法是不重要的。

（2）如果父母总是打断、纠正孩子讲话，这会让孩子产生深深的自责感和无力感，因为他们的权利总是被无情地剥夺。当然，也有可能在另一部分孩子的内心，日渐积攒起一颗愤怒的火球，直到他们成为父母的那一天，终于爆发出来。于是，孩子也会像你现在这样对待他的孩子：讲大道理、指责、批评、抱怨。除非他们成年后经过了学习和改变，否则这种沟通方式就会像"传家宝"一样，代代相传。

（3）如果你不听孩子把话说完，很容易出现以偏概全、以点带面的误会，甚至用你的经验来揣测孩子的经历。这样很容易错过重要信息，比如孩子向父母求助的信号，也会令你错过及时帮助孩子的最佳时机。比如大家听到的儿童性侵和校园欺凌事件，其实被伤害的孩子会进行一些间接的口头表达或肢体语言表达，只是家长们没有在与孩子的沟通中发现这些信号，才导致悲剧发生。

怎么做孩子的"树洞"呢？这里给父母们提供三种建议：

其一，父母要根据孩子的年龄，鼓励孩子通过说、写、唱或画的方式来表达自我。我从事儿童绘画心理分析已超过十年，发现孩子只要能画出画来，就证明孩子可以自我表达，画中的内容往往能体现他们的内心。

其二，对于性格内向、情感上倾向于回避的孩子，父母可以提供一个他们平时喜爱的玩偶（如汽车模型、手办等），并在玩偶内悄悄放置一个录音器。这样，可以让孩子对着玩偶倾诉近期的喜怒哀乐。父母可以找一个独立、安全的空间，把玩偶交给孩子的同时打开录音器，告诉孩子可以跟这个玩偶尽情地倾诉。等孩子倾诉完，父母可以独自播放录音，听听孩子都说了些什么。重要的是，无论听到什么，父母都要保持冷静，这样不会破坏孩子对大人的信任。一旦失去信任，后续的亲子沟通将会变得非常困难。

其三，父母可以和孩子一起动手制作传声筒，无论是在同一房间还是不同房间，关上门后通过传声筒交流。这样的形式既有趣又能让孩子放下戒备心。在一问一答中，父母可以更真实地了解孩子的感受和想法。

每天花 15 分钟做孩子倾诉的"树洞"，成为孩子最信赖的倾听者。在这 15 分钟里，孩子可以跟你分享至少三件趣事。为什么是 15 分钟呢？因为 15 分钟是全年龄段孩子能保持专注的平均时长。如果超过 15 分钟，有些孩子的注意力就容易分散，耐心也有限；如果少于 15 分钟，孩子可能无法充分表达他们想与你分享的事情。

请记住，优秀的沟通者首先是一位优秀的倾听者。关于"树洞"

游戏，还有很多种，创造性非常强。如果你们发明了更有趣的方式，记得与我分享哦！现在，请跟随我一起练习：放下手中的手机，注视孩子的眼睛，专注、温柔、认真、耐心地倾听，适时地点头、微笑，随着孩子的情绪变化调整你的表情，并配以自然的身体语言，比如身体微微前倾，上身转向孩子等。

沟通法则：

全然聆听的重点在于，你是否将注意力全然地放在倾听孩子说话这件事上。

多多练习：

请安排一个不受干扰的时间和空间，准备一个15分钟的沙漏，当沙漏开始流转，就静下心来倾听孩子说话。在这期间，沙漏不停，你就不能打断孩子，只需全神贯注地聆听。或许你的孩子年纪尚小，无法一次性说满15分钟，那么可以将其分为三段，每段5分钟，在一天之中分三次进行，每次都专心致志地倾听孩子说5分钟的话。

倾听孩子说话时，你无须正襟危坐地面对孩子，那样只会让双方都感到拘谨和有压力。相反，在轻松的游戏氛围中，比如在一些角色扮演的游戏里，更容易捕捉到孩子最真挚的表达。

1.2 在游戏中倾听，降低孩子的压力值

你有没有发现，孩子在特别放松的时候，常常会自言自语？你以为他在跟别人说话，走近一看，却发现他正对着自己的玩具滔滔不绝。这就是游戏带给孩子的愉悦和松弛感，让他们在那一刻不自觉地"放飞自我"。这种放飞是无意识的、自然流露的，也是内心有安全感的表现。

> 米可刚上幼儿园时，如厕对她和妈妈来说都是一个不小的挑战。已经三岁的她，就是不愿意坐到小便盆上排便，每次都解决在纸尿裤里。妈妈沟通了几次，都未能说服小米可。
>
> 有一天，在接米可放学的路上，妈妈慢悠悠地走着，米可时不时地蹲下捡路边的小石子或小木棍。妈妈一改往常的制止态度，反而夸赞米可捡的石子很特别、很漂亮，然后顺势聊起了如厕的问题。妈妈问："宝贝，你为什么不愿意坐到小马桶上排便呢？"米可回答："我害怕拉到裤子上。"妈妈恍然大悟，又问："除了这个之外，还有什么让你担心的吗？"米可接着说："我怕拉到裤子上妈妈会骂我。"

> 妈妈终于明白了，孩子并不是抗拒，而是担忧。于是，她对米可说："就算拉到裤子上也没关系的，妈妈可以帮你洗，而且妈妈向你保证，我不会批评你。"
>
> 那天之后，米可就愿意尝试脱下纸尿裤，坐上小便盆了。

通过这个案例，我们会发现当孩子能够放松下来时，沟通真的会变得很简单。

"游戏力养育理论"的提出者劳伦斯·科恩博士曾说："你和孩子联结得越深，你们就越懂彼此；越懂彼此，就联结得越深。"要想倾听孩子内心深处的声音，我们需要在游戏中与孩子建立联结。孩子的世界是充满游戏的，在游戏中，孩子会真切地感受到自己和父母的关系既是亲密的又是放松的。

> 一个八岁的女儿不愿走路，一直喊累。妈妈灵机一动，和她玩了一个"赐予你力量"的游戏。妈妈把双手放到孩子的双肩上，向前用力，仿佛给孩子注入了爱的力量。然后，妈妈还邀请孩子赐予她力量。被赐予力量的妈妈瞬间动力满满，快速向前移动。孩子发现这个游戏很有趣，于是也越来越快地向前走。

第1章 倾听,是亲子沟通的"金钥匙"

游戏让孩子从耍赖变成了合作,也让妈妈体会到,原来还可以跟孩子这样亲密地相处。这个案例中的妈妈和孩子两个人并没有说太多话,但妈妈和孩子的心却变得更近了。

想要更深入地了解孩子的经历、感受以及他们小脑袋里的所思所想,最佳的倾听策略莫过于"角色扮演游戏",比如你扮演孩子,而孩子则扮演他的老师、同学,甚至尝试扮演妈妈或爸爸的角色,接着,即兴展开一段对话。通过这样的游戏,你能够轻松地听到孩子在与老师、同学以及父母相处时都发生了什么,以此了解孩子的真实感受和想法。

> 有一位妈妈和孩子玩了角色扮演的游戏,她的儿子现在不再叫她妈妈,而是称呼她为"叮当奶奶"。原来,"叮当"是这个孩子给自己未来的儿子起的名字。他还说,等他当了爸爸,他一定会对自己的孩子好,孩子想要什么就买什么。最重要的是,他强调,他的孩子要由他来教育,绝不允许爷爷插手。他认为爷爷对他的管教太多了,教育孩子应该是父母的责任和权利,他内心更倾向于由爸爸来直接教育他。

沟通不是在孩子不想听时你仍然滔滔不绝,也不是在孩子渴望倾听时你却沉默不语,更不是在孩子表达欲望强烈时你转身离开。沟通的本质是构建互动的过程,而游戏恰好是最棒的互动方式,也是我们与孩子沟通的一种特殊语言。

💬 沟通法则：

在游戏中倾听，目的是与孩子建立起更亲密的联结，而不是哄骗或控制孩子必须按父母的意思说，或者一定要满足父母的期待去表达他的想法。

📖 多多练习：

和孩子玩角色扮演游戏时，你可以扮演孩子，让孩子来当爸爸或妈妈。你可以提前准备好3~5个表演场景，比如：

场景一： 妈妈下班回到家，发现孩子正在玩手机，作业还没写完。现在开始表演，孩子可以背上妈妈的包，走到门外去，各就各位，Action（行动）！

场景二： 妈妈陪着孩子写作业。扮演孩子的妈妈请坐到学习桌前，扮演妈妈的孩子也请就位，Action！

如果是情景重现，你将听到自己平时对孩子说的那些话；如果孩子即兴改编，演绎出一位全新的妈妈，那么恭喜你，你拥有一个善于思考的孩子，而且他正在用自己的方式告诉你，他需要一位怎样的妈妈。

游戏结束后，你会发现你更加了解孩子了，你们之间的共同点和差异点也变得清晰可见。

1.3 与孩子调到同一"频道",使沟通不费力

父母与孩子构建"同频地带"对亲子沟通非常重要。"同频地带"意味着父母与孩子在思想、习惯、兴趣及喜好上达成了共鸣,这种共鸣为双方的理解与共情奠定了坚实的基础,使得沟通时能更自然地换位思考。父母与孩子构建"同频地带"有三大要素:

1. 挖掘共同话题

父母可以尝试加入孩子喜爱的活动,比如一同观看动画片、共读一本书、玩相同的游戏等,以此挖掘共同话题。在日常交流中,父母应鼓励孩子分享个人想法与感受,并认真倾听,给予积极反馈,让孩子感受到父母对自己真正的关心与兴趣。

2. 设定共同目标

父母可与孩子共同制定一些目标,如一起跑步、跳绳、学习英语、画画或共同为家人烹饪美食等。这些目标能激发孩子的积极性与参与度。在追求目标的过程中,父母应与孩子保持同步,提供适时的指导与支持,让孩子感受到家庭的力量与温暖,也可以偶尔与孩子一起"偷个懒",或是一同冲刺完成挑战,共同体验成功的喜悦。

3. 塑造共同价值观

父母可通过家庭教育与日常生活的熏陶，与孩子共同培养积极的价值观，如诚实守信、敬畏心、勤奋与宽容等。这些共同的价值观将助力孩子在成长过程中更加坚定自信，同时也有助于营造更加和谐的家庭氛围。

需要注意的是，在建立同频地带时，每个家庭和孩子的情况都是独特的，父母应根据实际情况灵活调整方法和策略。

那么，怎样的"同频地带"才是适中的呢？下面用三张图将帮助你更清晰地理解。

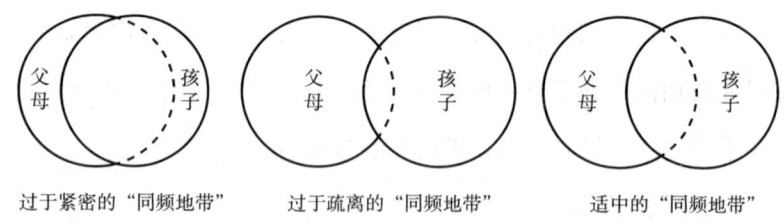

过于紧密的"同频地带"　　过于疏离的"同频地带"　　适中的"同频地带"

如果我们用一个圈代表孩子，用另一个圈代表父母，那么两个圆圈中间重叠的部分就是父母和孩子的"同频地带"。

父母与孩子过于紧密时（上面左侧的图），孩子的自我空间会被侵占，同时父母的空间与自由也会受到压缩。在亲子沟通中，往往表现为对抗与争执或过度依赖。其本质是父母严重越界，这种情况下，亲子关系中的父母会感到疲惫不堪，孩子也很渴望逃离父母的过度掌控，长此以往，孩子会缺乏边界感。

第1章 倾听，是亲子沟通的"金钥匙"

父母与孩子过于疏离时（上面中间的图），双方的交集较少。在亲子沟通中，往往表现为父母与孩子缺乏情感交流，往往仅限于就事论事，孩子在行为上会变得比较独立，这种情况下，孩子感受到的可能是父母的冷漠以及家庭氛围的冷清。长此以往，孩子的内心可能会比较孤独。

父母与孩子调整到适中状态时（上面右侧的图），双方既能保持自己的空间不被侵犯，又能拥有一个恰到好处的中间地带。在亲子沟通中，父母和孩子都能扮演好自己的角色，相处起来更加舒适。这种情况下，双方能建立起良好的联结，无疑是亲子关系所追求的理想状态。

沟通法则：

同频，是一种感觉，也是一种态度。只要我们努力与孩子建立适中的"同频地带"，就一定会实现良好的亲子沟通，收获美好的亲子关系。

多多练习：

向全家人发出一份邀请，邀请大家围坐在一起，无论是口头说还是写在纸上，分享每个人心中对家人的看法：你最喜欢他们的哪个特点，最厌恶他们的什么习惯。他们最擅长的是什么，他们最恐惧的是什么。这个活动适合孩子与父母共同参与，也可邀请祖父母加入，一同交流心声。

没有了解，何来理解？或许，通过这个简单的小练习，你不仅能更深入地了解自己的孩子，孩子还能意外地发现与父母之间更多的共同之处，增进彼此间的了解与理解。

有些话可以用语言表达出来，有些话则无法溢于言表。当年幼孩童语言表达能力尚不成熟，当孩子感受到威胁，当孩子羞于启齿时，那些他们不愿说、不想说、不敢说，甚至不能说、不知如何表达的话语，都可以通过画笔，一一呈现在画纸上。

1.4 一幅儿童画，帮你听懂孩子的"心里话"

绘画，是孩子的第二种语言，理解孩子，可以从解读他们的画作开始，因为孩子们常常把许多心里话悄悄藏在了画里。

儿童自由绘画，是搭建父母与孩子之间沟通的桥梁。孩子们会把他们听到的、看到的、感受到的以及经历过的事情，全部倾注在画纸上，一笔一画都蕴含着丰富的故事和情感。

对于年龄较小的孩子来说，虽然语言可能限制了他们的表达，但绘画却为他们提供了一个更广阔的抒发空间。而对于学龄期儿童及青春期的孩子，绘画则成为他们抒发情感、宣泄情绪的重要方式。我记得有一个七岁的小男孩曾对我说，每当他和妈妈发生争执时，他都会跑进自己的房间，画一幅画。画里，争吵时的妈妈身上总是缠绕着乱糟糟的一团线，而和平相处时，画里的妈妈则显得正常且温柔。

尽管孩子与我交谈时显得轻松自在，但我知道，在与妈妈争吵或遇到其他不愉快的事情时，他的内心可能会感到愤怒、恐惧或无所适从，这些情绪往往会在他的画作中得到体现，成为大人了解孩子内心世界的线索。

然而，并非所有父母都学习过儿童绘画心理分析的专业知识。

那么，作为不懂画的父母，怎么才能倾听孩子画中的故事，理解他们的内心世界呢？这里给大家提供一个方法：当我们捧起孩子的画作时，先静下心来，感受画作所传递的情感和氛围。你可以这样问自己："这幅画给我带来了怎样的感受？如果要用三个词来形容我此刻的感受，我会选择哪三个词？"然后，邀请孩子为你解读他的作品，认真倾听他的讲解和想法。

绘画没有好坏之分，孩子自由绘画的每一笔都在表达着他们的真情实感，每一处细节都隐藏着他们自己的经验与经历。因此，我们在欣赏孩子的画作时，不要以成人的标准去评价或纠正他们，而是要尊重孩子的创作，用心去感受他们的内心世界。

下面这幅画出自一个七岁女孩之手，当你凝视它时，心中涌起了怎样的感受呢？画中的人物、物品、文字以及色彩，又向你透露了哪些信息呢？关于这幅画的背后，有着这样一个故事。

一天早晨，我打开手机，发现了一条来自糖糖妈妈的微信留言。她提到孩子近期频繁的自我伤害，如掐、打、咬自己，这让她深感苦恼。我注意到留言的时间是凌晨4:13，猜想糖糖妈妈昨晚可能一夜未眠。于是，我详细询问了情况。糖糖妈妈告诉我，孩子一犯错就会自我惩罚，这让她既焦急又心疼，却束手无策。

我了解糖糖是个活泼开朗、懂事可爱的小女孩，这样的行为确实反常。我进一步询问，家里最近是否发生了什么事情。糖糖妈妈透露，她的父亲一年前突发急病去世，她一时难以接受，情绪低落

糖糖的全家福

到无法正常工作,甚至接受过心理咨询。她常常暗自哭泣,对孩子也不如以前有耐心,经常对孩子发脾气。

糖糖为何会做出自我惩罚的行为呢?为了探究真相,我建议妈妈让孩子画一幅全家福发给我。第二天,我收到了这幅画。你或许已经注意到,画中的文字——"家"和"回忆"都显得特别醒目。

看到孩子的全家福，我笑了。我对糖糖妈妈说，孩子其实没问题，而且你应该感到开心。电话那头的妈妈一时有些懵。我接着解释，孩子已经把与外公共度的幸福生活珍藏在回忆里了，而且她正在努力带领妈妈走出阴霾。孩子自我惩罚的行为，其实是不想让妈妈生气，不愿意看到妈妈伤心。

这时，我听到糖糖妈妈在电话里哽咽起来。她说："多多老师，我知道该怎么做了。"一周后，一个雨天，我又接到了糖糖妈妈的电话。她告诉我，她刚从超市买了很多食材，准备给孩子做一顿营养餐。而且，最近孩子已经不再自我惩罚了，她感到非常开心。

我对她说："很多时候，当孩子出现异常行为时，其实是在向我们发出信号。他们仿佛在说：'妈妈，你怎么了？妈妈，我不想看到你伤心的样子。'这是孩子在提醒我们要珍惜当下，回归当下。慢慢来，别着急。想要和过去的伤痛告别，需要给自己一点时间。"

绘画分析的独特之处在于，它虽无声却胜有声，那些难以言表的情感，在画布上却清晰可见。绘画，作为孩子潜意识的流露，蕴含着他们内心最真挚的倾诉。

绘画分析在实际应用中发挥了重要的作用，它帮助学校、警方在多起儿童性侵案件和校园欺凌事件中找到了突破口，取得了显著进展。在绘画的天地里，孩子们可以真实地、自由地表达自己，不受外界干扰和控制。因此，通过解读儿童的画作，理解他们的"心里话",是非常重要的。

当你和孩子的沟通陷入僵局时,不妨尝试给他一张纸和几支笔,让他通过绘画来表达自己的内心。有时候,孩子未说出口的话,才是最关键的。

沟通法则:

理解他的动机,聆听他的渴望。

多多练习:

在一个安静的环境里,给孩子准备好纸、彩笔(10种颜色以上),父母应遵循不评判、不打断、不纠正、不建议的原则,给孩子一个独立轻松的创作氛围,等孩子画完后,请孩子介绍他画的作品。在倾听中,父母要认真、专注。同时,要从身体语言、口头表达上给予孩子积极的反馈,这样才能更好地走进他们的内心世界。

1.5　想让孩子听你说，请先学会倾听"三步法"

我们之前提到过，亲子沟通的核心在于互动。父母倾听孩子并非最终目的，而是要在充分倾听的基础上，创造与孩子互动的机会。

倾听虽非沟通的直接目标，却是至关重要的第一步，是"亲子沟通三角形模型"的基石。倾听者需全神贯注于倾诉者，不必预先思考自己接下来的回应。当倾诉者感受到自己被充分倾听，并获得放松的关注时，有时会不自觉地流露出强烈的情绪，可能大哭、大笑，或是因提及某段令他恐惧的回忆而颤抖。作为倾听者，只需接纳这一切自然发生便好。

下面，请跟我一起学习倾听"三步法"，掌握了这三步，你的亲子沟通地基就打稳了。

第一步：倾听肢体语言

在亲子沟通的过程中，父母应重视并学会倾听孩子的肢体语言，这是一项至关重要的技能，有助于更深刻地理解孩子的需求和真实意图。

（1）观察面部表情。当孩子的头微微侧向一旁或前倾时，这通常意味着他们对谈话内容感兴趣，正在全神贯注地参与；目光正视且没有刻意回避，表明孩子非常专心和专注；嘴角上扬，传递出善意、礼貌、喜悦或认同；嘴唇紧绷，则可能表示对抗或已下定决心；嘴角下垂，往往意味着无奈、无语或想要结束对话；而面无表情且缺乏眼神交流，则可能说明孩子已经心不在焉，注意力已不再集中在对话上。

（2）留意手和胳膊的姿势。双臂交叉抱在胸前，可能代表孩子感到紧张、期待、不够放松，或对谈话内容、环境有所不安；手摸下巴，通常表示孩子正在思考，或心中暗自做着某个决定；轻轻触摸脖子，则可能是对某事表示怀疑或想要避开这个话题；手握成拳头，可能意味着孩子有些谨慎小心，情绪有所波动。

（3）注意身体其他部位的信号。腿摊开或伸出，可能显示出孩子对谈话不够重视，态度有些漫不经心；跷起二郎腿，双手交叉放在胸前，可能表明孩子对当前的事情不太感兴趣；双腿不停抖动，则往往透露出孩子内心的焦虑，无法保持安静和专注。

提示：在孩子表达时，父母应通过点头、微笑等肢体语言给予积极的反馈，以激发孩子对谈话的兴趣和参与度。在倾听孩子的肢体语言时，应结合沟通谈话的具体内容，进行综合分析判断，以获得更准确的信息。同时，父母也要注意自己的肢体语言，确保不会给孩子带来压力、误解或不适感。

第二步：倾听内容

在沟通中，倾听孩子表达的内容是构建有效交流的核心。

首先，要展现出兴趣，让孩子感受到父母对他说的话充满关注，这样他才会更愿意继续分享，进而为父母提供表达观点并影响他的机会。

技巧：在倾听过程中，请务必注视孩子的眼睛，保持眼神柔和自然，避免游离或闪烁不定。

其次，给予回应至关重要，确保准确理解了孩子的意图，可以通过重复孩子话语中的关键词，或是复述、概括孩子的话来验证自己的理解是否准确。

技巧：使用诸如"你刚才所说的意思是……对吗？"或"我理解得是否正确，你的意思是……？"这样的句式来询问和确认。

再次，适时提问能够激发孩子更深入的思考与表达，同时也帮助父母更全面地理解孩子的观点和想法。

技巧：采用开放性问题，例如"你为什么会有这样的想法？"或"对于这个解决方案，你怎么看？"来鼓励孩子进一步阐述。

最后，总结并给予反馈。在孩子表达完毕后，父母可以简要概括孩子的观点，并提出自己的反馈或见解。这有助于双方对谈话内容达成共识，并促进更进一步的沟通。

技巧：在总结时，尽量引用孩子的原话，这会让他感受到被认可、被尊重，以及被父母认真倾听的重要性。避免过多提问或讲述自己的故事。

第三步：倾听情感

回想我们的童年，那些刻骨铭心的记忆，往往不仅仅是事件本身，更多的是那些事件带给我们的情感体验——幸福喜悦、羞辱挫败、紧张崩溃等。这些复杂多变的情感，会潜移默化地影响着父母与孩子之间的关系。

> 我有一个同学，她是两个孩子的母亲，儿子已经五岁，女儿还不到两岁。某天早上，她像往常一样给儿子背上小书包，准备让爸爸送他去幼儿园。一切准备就绪后，爸爸先下楼启动车，孩子却站在原地不动。她感到困惑，就问儿子怎么了，并催促他快点去追爸爸。这时，五岁的小男孩眼含泪水，可怜巴巴地说："妈妈，你刚才抱了我，你已经好久没有抱过我了。"这一瞬间，妈妈的心像被针扎了一样疼痛。
>
> 我同学也忍不住泪流满面。她回想起，自从生下女儿后，确实很少关注儿子的情感需求。原来，妈妈无意识中的一个拥抱，竟然是儿子渴望已久的母爱。这种情感需求是含蓄的，甚至是隐忍的，如果孩子不表达出来，妈妈可能很难意识到。

倾听孩子的情感非常重要！每天早上起床、上学放学的路上以及睡觉前，都可以成为父母与孩子交流情感的宝贵时刻。在这些时刻，父母不妨放慢脚步，耐心倾听孩子的情感诉求，珍惜那些亲亲、抱抱、举高高的温馨时光。

每个孩子的情绪和情感都在不断微妙地变化着,作为父母,需要密切关注孩子的情感需求和情绪波动,去洞察每个情绪背后所隐藏的、未被满足的心理需求。

沟通法则:

用觉醒的倾听,捕捉孩子真实的需求。

多多练习:

父母可以选择一个方面——倾听孩子的身体语言、表达内容或情感诉求,进行实践练习,以检验自己是否真正做到了善于倾听。

然后,询问孩子你在他心中的形象,是否是一个善于倾听的父母,并让孩子为你打分,满分为10分,看看孩子会给你打多少分。

当你能够及时、准确地观察到孩子的情感变化时,你就已经具备了为孩子提供最基本情感支持的能力。

第 2 章

洞察孩子的需求，

是有效沟通的基础

"好的沟通,是带着我的需求,走向你的需求。"

——松下幸之助

沟通是人类与其他生物相区分的一项关键能力,它直接影响着人际关系的和谐与否。缺乏有效沟通,往往会让关系中的成员感到委屈、难过,甚至产生分歧和愤怒。

在亲子沟通中,洞察孩子的需求是构建良好亲子关系、促进有效沟通的关键所在。然而,对孩子需求的理解不能仅凭猜测,否则我们容易变成"自以为是"的父母。相反,我们应该通过现场聆听和耐心询问的方式来真正理解孩子的内心。

马斯洛的需求理论将人的需求分为五个层次:生理需求、安全需求、爱与归属需求、尊重需求和自我实现需求。在亲子沟通中,我们需要洞察孩子当前处于哪个需求层次。

为了洞察孩子的需求,我们可以采用询问、观察和建构的方法。

首先,主动询问孩子在生活、学习上的感受,让他感受到我们的关心。比如,你可以这样问:"宝贝,你觉得玩和学习之间有什

第 2 章 洞察孩子的需求，是有效沟通的基础

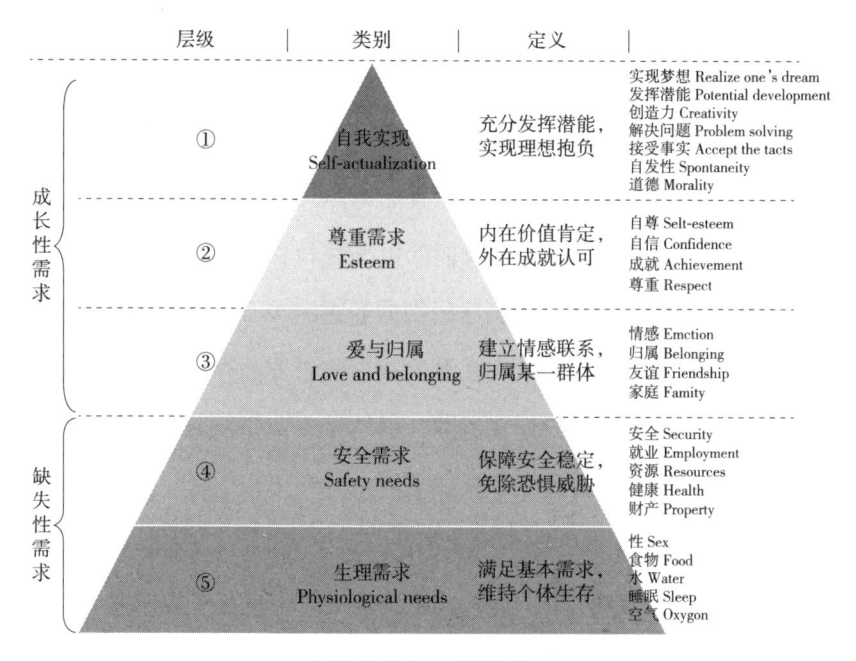

层级	类别	定义	
①	自我实现 Self-actualization	充分发挥潜能，实现理想抱负	实现梦想 Realize one's dream 发挥潜能 Potential development 创造力 Creativity 解决问题 Problem solving 接受事实 Accept the facts 自发性 Spontaneity 道德 Morality
②	尊重需求 Esteem	内在价值肯定，外在成就认可	自尊 Self-esteem 自信 Confidence 成就 Achievement 尊重 Respect
③	爱与归属 Love and belonging	建立情感联系，归属某一群体	情感 Emotion 归属 Belonging 友谊 Friendship 家庭 Family
④	安全需求 Safety needs	保障安全稳定，免除恐惧威胁	安全 Security 就业 Employment 资源 Resources 健康 Health 财产 Property
⑤	生理需求 Physiological needs	满足基本需求，维持个体生存	性 Sex 食物 Food 水 Water 睡眠 Sleep 空气 Oxygen

其中①②③为成长性需求，④⑤为缺失性需求。

马斯洛需求层次模型

么区别和联系呢？"

其次，当孩子在说话时，我们应该放下手中的事情，表现出对话语的兴趣，全神贯注地倾听孩子，细致观察孩子的肢体语言，倾听他所表达的真实需求。当孩子不愿主动表达需求时，我们可以与孩子共同建构情境，引导他逐渐表达出自己的想法和需求。

再次，我们应该关注孩子的兴趣和爱好，支持孩子尝试新事物，鼓励他们探索未知，帮助他们树立目标。这样不仅能增进亲子关系，

还能让我们更直接地了解他的需求和喜好。

此外，我们需要尝试从孩子的角度看待问题，进行换位思考，理解他的想法和认知发展水平。同时，尊重孩子的独立性，意识到他是有自己想法和需求的独立个体，尊重他的选择和决定。在言行上保持一致，让孩子感受到我们的可靠性和稳定性。

最后，要经常向孩子表达我们的爱意和关心，让他感受到家的温暖和安全。如果我们发现在洞察孩子需求方面存在困难，或者孩子的行为超出了我们的理解范围，不妨寻求专业人士的帮助。

洞察孩子需求的具体步骤如下：

（1）表达需求：孩子主动表达，或父母通过询问得知需求。

（2）聆听需求：父母应耐心、专注地聆听孩子完整表达自己的需求。

（3）核对需求：与孩子核对他的需求。这里父母需要注意的是，要重复孩子的话，而不是将自己的理解叙述出来，这两种方式差别很大。例如，你去餐厅点菜，对服务员说："我要一瓶啤酒和一份炸鸡。"服务员 A 回应："客人您好，您刚刚点了一瓶干啤和一份鸡排。"而服务员 B 则说："客人您好，您是想要一瓶啤酒和一份炸鸡吗？"显然，服务员 A 是将自己理解后的意思叙述给你，而服务员 B 则在重复你的话，作为点餐的客人，你更相信哪位服务员会更好地满足你的需求呢？答案是 B。

（4）满足需求：在合理的范围内，适当满足孩子的需求是必要的。一旦发现孩子提出不合理需求，父母需要及时识别，并带着爱和尊重说明拒绝的理由。例如，刚上大一的女孩向父母要一大笔生活费，想要购买品牌护肤品和电子产品；或者九岁男孩每天晚上坚持和妈妈一起睡，还要像小时候那样必须摸着妈妈的乳房入睡。

（5）需求优先级排序：在识别出多个需求后，父母需要根据实际情况对需求进行优先级排序。这有助于在有限的资源和时间内，优先满足最重要的需求。

（6）需求变更管理：在沟通过程中，需求可能会发生变化。因此，需要建立有效的需求变更管理机制，及时响应和处理需求变更，以确保目标的顺利达成。

2.1 孩子委屈/失落时，他需要的不是安慰，而是陪伴

你有没有遇到过这种时刻？不管你说什么、做什么，孩子就是委屈巴巴地看着你，眼泪啪嗒啪嗒地往下掉。打不得、骂不得，就这么把你的心揉碎。

> 康康是哥哥，今年八岁了。和三岁的弟弟不同，康康的情感十分细腻、敏感。一天傍晚，家里人正在讨论晚饭吃什么。康康想吃红烧肉，但今晚家里没有准备这个食材，做不了红烧肉。妈妈说："我们明天准备好食材再做吧。"
>
> 只见康康的眼泪瞬间掉了下来。妈妈有些错愕，因为妈妈觉得这是一件小事，明天吃也是一样的，不至于掉眼泪。她安慰了几句，没想到康康反倒哭出了声，妈妈忍不住吼道："有什么好哭的，今天吃不上，明天吃不行吗？你就知道哭！"

当孩子委屈、失落时，他们需要的不是安慰，而是陪伴。安慰是承认他们弱，而陪伴是同他一起变强。

我们先来看看父母在安慰孩子时常常踩的坑：

1. 使用"负强化"语言

负强化是一种心理学上的概念，指的是通过移除或减少某种不愉快的刺激来增强某种行为的发生频率，主要关注的是通过消除负面因素来激励正面行为的出现。比如，在孩子小的时候，父母会说"别跑""别弄洒了""不要过来"等；当孩子大一点时，父母又会说"别总玩手机""别磨蹭""不要挑食"等。这一系列的负强化词语，会加剧孩子的心理负担。因为人的大脑对"不、别、不要"会自动过滤，于是孩子会哭得更大声，心里更难受、更害怕。回想一下，当我们这样说时，孩子真的听我们的话了吗？答案是没有。像这样的"负强化"语言，我们又说过多少呢？

为了让大家更好地理解什么是"负强化"，现在，我们来玩一个游戏。

请你闭上眼睛，不要想一头大象，千万不要想一头粉红色的大象。你千万别再想那头粉红色的大象了，我跟你说多少遍啦，不要想那头粉红色的大象踩在一个球上。

好，请你睁开眼睛，告诉我，你看到了什么？

大象，对吗？是不是很奇怪？明明我叫你不要想，可是你偏偏还是想了。我说的每一次"不要"，都是在一次次地强化"不"后面的行为。当你不停地喊"别跑"时，孩子听到的是无数次的"跑"；当你经常说"不要磨蹭"时，孩子听到的却是无数次的"磨蹭"。

2. 家长们常常会把责任推给别人

你一定听老人这样说过："磕哪了？磕到桌子了？奶奶帮你打它，这个臭桌子、坏桌子，把我大孙子的头给磕疼了。好了，奶奶已经打它了，咱不哭了。"等到孩子长大后，一旦与老师、同学发生矛盾，父母总是说："肯定是他们的错，我家孩子最乖了，老师干吗要跟孩子一般见识？"就这样，孩子慢慢被培养成了一个遇事只会推卸责任的人。

3. 实力宠娃

我曾在某大学附属小学的幼儿园见过一位妈妈将宠娃进行到底。那是9月份开学第一天，也是家长开放日，小朋友们第一次入园，他们对新环境充满了好奇，每个区域的物品都想摸一摸、玩一玩。艺术区域的柜子上摆着一盒水彩笔，当然然想拿起一整盒时，被老师制止了。老师拿出一支给她，但她想要一整盒，于是委屈地哭了起来。然然妈妈见状立刻不高兴了，安慰孩子说："别哭了，妈妈给你买一大盒。"趁孩子午睡时间，她出去买了一盒水彩笔，还专门告诉老师，这一盒就是给她女儿一个人随便玩的。老师一脸无奈地接过了水彩笔。

> 过了几天,然然妈妈又找到该大学的校长,给园长、班主任层层施压,目的就是要班主任满足她女儿在班级里的所有需求,不能让然然受一点委屈。

4. 火上浇油

有些父母在孩子考试失利时会说:"谁让你平时不用功?"当孩子被同学嘲笑是个小胖子,还被起了难听的绰号时,父母会说:"让你少吃点你不听,现在怪谁呀?"

5. 否定孩子的感受

当孩子表达自己的感受时,有些父母会否定孩子的感受。

> 大女儿说:"妈妈,我觉得爸爸不喜欢我,他总是陪妹妹玩都不陪我,跟我说话时总是很严肃。爸爸就是偏心,只爱妹妹不爱我。"妈妈却说:"我怎么没发现?我觉得你爸爸挺爱你的呀。"孩子听后一脸无语。

也许上述行为你也做过,同样的话你也说过。但我想告诉你,这样的"安慰"对孩子来说毫无帮助,甚至还常常起到反作用。

那么,在此刻,比安慰更有力量也更有价值的是陪伴。如何陪伴孩子让孩子走出情绪低谷呢?

第一步：询问孩子，发生了什么？

给孩子一个描述事情经过的机会，这个机会可以让我们了解事情的原委。搞清楚发生了什么，非常重要。先接纳孩子的叙述，然后确认，并询问其他当事人以核对事情的细节。（如果你忘了如何倾听，请翻看上一章的内容）

第二步：通过肢体动作表达关心。

将身体向孩子靠近，坐或躺在他旁边，拉着他的手，或把他抱在怀里。这里举个例子：

> 有一个女孩因为失恋，心情极度低落，于是从外地跑回了老家。那天，天空阴沉沉的，外面正下着大雨。爸爸妈妈开车回家，当车开到楼下时，他们隐约看到一个身影躺在地上。爸爸连忙停车，拿出伞下车查看。妈妈在车里定睛一看，突然发现那个身影好像自己的女儿。
>
> 妈妈的心猛地一紧，推开车门就冲了出去。她跑到身影旁边，确认是自己的女儿后，毫不犹豫地躺在了她旁边，任由雨水打湿自己的衣裳。爸爸为她们撑着伞，妈妈拉着女儿的手，默默地陪伴着她，仿佛在告诉她："孩子，你不是一个人，爸爸妈妈在这里。"
>
> 过了一会儿，女儿感受到了妈妈的温暖和陪伴，慢慢地

从地上坐了起来。妈妈也紧跟着坐了起来，她们紧紧地抱在一起。先是默默地哭泣，释放着内心的痛苦和委屈。然后又相视而笑，仿佛在告诉对方："一切都会好起来的。"最后，她们手牵手起身回家。

整个过程，妈妈没有说一句话，但她的行动却比任何语言都更能打动人心。因为当妈妈躺下的那一刻，她和女儿的心紧紧地连在了一起。女儿深深地感受到了妈妈的共情和理解，也感受到了母爱的伟大和无私。这份无声的爱，让女儿重新找回了面对生活的勇气和力量。

第三步：重复孩子的感受，与之核对。

一旦你能准确说出孩子内心的感受，他就感受到了你深深地共情，从而自动地向你敞开心扉，说出他真实的需求。

比如，我们可以这样说：

宝贝，你是不是看到爸爸跟妹妹玩，感觉有点失落呀？

是不是刚刚被桌子磕到了，感觉很疼呀？

是不是很喜欢幼儿园的水彩笔，老师只给你一根时，你还想要其他颜色呀？

> 是不是这次考试没考好,你也有些自责呀?
>
> 是不是你写了三科作业有点累了,当妈妈还催你练琴时,你感觉更累了,特别委屈呀?

第四步:允许孩子表达情绪。

当孩子感到委屈、失落或难过时,我们要允许他哭。哭是孩子表达感受和发泄情绪的一种方式,是一个重要的情感通道。因此,我们不要在孩子刚一哭就立即制止他,而是要给予他释放情绪的空间。

我们可以静静地陪伴在他身边,确保处于同一个空间,这样他能看到你,你也能看到他。重要的是,要保持关注,不要离开他,也不要忽视他的感受。不要打扰他哭,也不要阻止他,在他需要纸巾时,默默地将纸巾递给他;在他需要肩膀时,默默地靠近他;在他需要拥抱时,张开双臂拥抱他。

第五步:给予新的希望与解决方案。

当孩子的情绪逐渐平复后,与他一起探讨下次再遇到类似情况时应该如何应对。比如本节一开始的那个案例,我们可以这样说:

康康,以后你再有特别想吃的东西时,能不能早点告诉妈妈,或者直接告诉煮饭的阿姨呢?

除此之外，你们还可以一起制定一个《每周食谱》，把想吃的菜都写或画下来。但也要告诉孩子，万一突然想吃的东西不在食谱上怎么办。你可以提议："我们假装吃一口行不行？"然后试着玩一个游戏，比如说出一个家里没有的好吃的，大家一起假装吃，并比比谁吃得香。这样的游戏不仅能化解孩子的委屈和失落，还能帮助他重新看待事情，用积极乐观的态度和更多有趣的办法去迎接新的挑战。

总之，只要我们在沟通中用对方法，不仅能化解孩子的负面情绪，还能帮助他成长和进步。

沟通法则：

父母有知有觉地教，孩子才能在不知不觉中成长。

多多练习：

请进行一次无声的陪伴练习：让孩子通过说话或者使用肢体动作，向你传递出三个需求信号。在这个过程中，你不能讲话，必须全凭自己的理解去捕捉和满足孩子的这三个需求。

完成这个练习后，我相信你和孩子之间的默契程度定会有所提升。

2.2 孩子闯祸/犯错时，他需要的不是批评，而是理解

有些时候，孩子并非真的委屈，而是明知自己犯了错，却假装委屈，以博得父母的同情与原谅。那么，当父母发现孩子真的闯了祸、犯了错时，要怎么做呢？是严厉批评，还是因为事情并不严重而选择睁一只眼闭一只眼原谅他呢？

其实，孩子此时需要的既不是批评也不是简单的原谅，而是真正有人能够理解他。让我们来一起看看陶行知先生的故事。（要解放孩子的头脑、双手、脚、空间、时间，使他们充分得到自由的生活，从自由的生活上得到真正的教育。——陶行知）

陶行知先生在担任一所小学校长期间，曾遇到过一个男生用泥块砸同学的情况。他当即制止了这位男生，并要求他放学后到校长办公室来。

放学后，男生忐忑不安地来到校长办公室，做好了挨批评的准备。然而，陶行知走进来后，却掏出一块糖送给他，并说："这是奖励给你的，因为你按时来到了这里，而我却迟到了。"小男生惊讶地接过糖。

> 接着，陶行知又掏出一块糖放在他手里，说："这块糖也是奖励给你的，当我不让你再打人时，你立即住手了，这说明你很尊重我。"小男生更加诧异了，眼睛瞪得大大的。
>
> 然后，陶行知又掏出第三块糖放到男生手里，说："我调查过了，你用泥块砸那些男生，是因为他们不遵守游戏规则，欺负女生。你砸他们，说明你很正直善良，有跟坏人作斗争的勇气。"男生感动极了，他流着泪后悔地说："陶校长，你打我两下吧，我错了，我砸的不是坏人，是我自己的同学呀！"
>
> 陶行知满意地笑了，说："你能正确认识错误，很好。来，我再奖励你一块糖。可惜我只剩最后一块糖了，我的糖给完了，我想我们的谈话也该结束了！"男生怀揣着糖果离开了校长室。

我想，这次谈话可能会让这位男生铭记一辈子。《左传》中有言："人非圣贤，孰能无过。"关键不在于是否犯错，而在于能否改过自新，保证今后不再犯同样的错误。也就是说，人犯了过错并不可怕，可怕的是坚持错误、不予改正。"过而能改，善莫大焉。"能够知错就改的人，没有什么比这更了不起了。

孔子也曾说："过而不改，是谓过矣。"意思是，知错不改，才是真正的大错特错啊！

因此，既然人人都会犯错，那么孩子犯错也是再正常不过的事情。作为父母，我们应该向伟大的教育家、思想家陶行知先生学习，即使发现孩子犯了错、闯了祸，也能从中发现他们身上的闪光点，对他们进行理解和肯定，而不是一味地指责和批评。这样与孩子沟通，才能点燃他们的内驱力，帮助他们更好地成长。

> 春节期间，亲戚们欢聚一堂。小姑子欣欣的嫂子怀孕已有七个多月，挺着大肚子，行动略显笨拙。她正在客厅里慢慢踱步，想去倒杯水喝，却突然感觉有人在背后猛地推了她一下。她顿时吓得魂飞魄散，幸好欣欣眼疾手快，一把扶住了她的腰。
>
> 众人定睛一看，原来是姑妈家十岁的孙子故意搞的恶作剧。欣欣生气地质问他："你为什么要推舅妈？你把她推倒了怎么办？"
>
> 你可能无法想象，一个十岁的孩子竟然这样回答："我看网上说，孕妇摔倒会流产，我想试试是不是真的。"
>
> 这话让人听得毛骨悚然，不禁细思极恐。
>
> 如果欣欣当时不在场，或者没能及时扶住嫂子，后果将不堪设想。
>
> 于是，欣欣开始教育那个男孩，男孩却号啕大哭起来。

> 男孩的奶奶见状急了,冲着欣欣大喊:"孩子小不懂事,你是大人,干吗跟孩子计较?"
>
> 欣欣听后,语气坚定地说:"所有'熊孩子'的背后,都是因为有你这样的'熊家长'。你们不好好教育孩子,迟早有社会、有法律替你们好好地教育他。"

你可能会觉得这是一个特例,自家孩子绝不会做出这种事情。但请别忘了,孩子的言行受认知影响,而他们的认知并不仅仅来源于你一个人,还可能受到同学、玩伴的影响,家里老人、保姆的潜移默化,以及网络上良莠不齐的各种信息的冲击。

因此,当你发现孩子第一次闯祸或犯错时,请务必严肃对待。不要因为孩子还小或犯错次数少而忽视它,因为这背后的后果可能不是一个家庭能轻易承担的。

接下来,我将从三个层面来讲如何给予孩子理解和支持,并在这个过程中帮助孩子提升四个关键能力:<u>安全感、掌控感、应变力和责任心</u>。

第一,学会分析孩子行为背后的动机。

从三岁开始,孩子就已经具备了最基本的是非观。他们知道抢玩具是不对的,需要排队等待,不能故意伤害别人,更不能拿东西打人。

那么，一个十岁男孩为什么会故意让孕妇摔倒呢？难道仅仅是因为好奇？这种好奇背后的真正动机又是什么？

心理学研究发现，社会中那些冷血无情、具有高度攻击性且违背道德也毫无负罪感的人，约占总人口的4%，他们被归类为具有"反社会人格"。这种人格的形成，既受先天基因遗传的影响，也受后天环境的塑造。

有一个著名的神经专家在研究中发现，自己的大脑结构与某些杀人狂相似，并且他的家族中有多位成员都有过犯罪经历。然而，他并没有误入歧途，这主要归功于他的父母。他回忆说，当妈妈发现他与众不同时，从未否定他；即使在他成年后独居，妈妈也每周坚持与他见面谈心，一起修剪植物。当爸爸发现他对冷血动物有浓厚的兴趣时，也没有打压他，而是送给他一个显微镜。正是这些充满爱的引导和支持，让他成为一位科学家。

由此可见，后天的家庭教育能够超越基因的影响，让一些孩子成为向善的、对社会有贡献的人，而另一些孩子则可能成为冷血的恶魔。

因此，父母在沟通中要始终带着爱和理解，而不是站在孩子的对立面或娇纵、包庇他们，即使是在讨论孩子做错的事情时，孩子也会感受到满满的安全感。因为父母的爱是孩子的超能力！

第二，帮助孩子在错误中看见转机。

每一个问题的背后都隐藏着一个成长的机会，也是我们和孩子深度沟通的机会。孩子骂人时，那是教育他成为文明人的机会；孩子打人时，那是教他正确使用力量的机会；孩子破坏公物时，那是教他遵守社会规则的机会；孩子说谎或偷拿东西时，那是教他遵纪守法的机会；孩子浪费食物、时间或金钱时，那是教他做好规划的机会；孩子目中无人、顶撞老师和长辈时，那是教他学会敬畏的机会。

当我们明白了这一点，便能以积极的心态面对孩子犯的错，他们会感受到我们在陪他们想办法、没有放弃他们。这样，孩子对自己的未来就会多一分掌控感。

第三，激发孩子主动解决问题的意愿和能力。

让我们回到前面欣欣那个案例，当孩子犯错时，如果我们这样问孩子："现在我们应该怎么办呢？是向舅妈道歉，当面表达歉意，还是写一封道歉信？或者你用其他什么方式来表达你的真诚和歉意？"也许孩子会提出给舅妈和肚子里的宝宝买一份礼物，或者为舅妈戴一个保护罩，以确保以后无人能伤害到她和宝宝。

在这个过程中，我们要引导孩子采取正确的补救措施，尽最大可能去弥补自己犯下的过错，并承诺以后不会再犯。通过这样的讨论，孩子的应变力和责任心会得到大幅度的提升。

然而，要想让孩子真正意识到错误并避免再犯，仅仅依靠惩罚或口头教育是远远不够的。最好的方法是在日常生活中，多去发现孩子好的行为和品质，并毫不吝啬地、热烈地、激动地表扬他。这样做的目的就是帮孩子强化他的好行为和品质，让他意识到："哦，原来这么做是对的，是好的，是会得到认可和赞扬的。"从而进一步提升孩子的责任感、成就感和价值感。

不是孩子有问题，只是孩子遇到了问题，这个时候，他最需要的是父母的支持与理解。父母要做的就是伸出手，把孩子从麻烦中拉出来，切记不能将他一把推开。恶语伤人六月寒，良言一句三冬暖。

沟通法则：

当你发现一个孩子不可爱的时候，一定是他缺爱了，再糟糕的孩子身上都有闪光点。

多多练习：

你可以跟孩子聊一下：

你最近犯的最低级的错误是什么；

你打算怎么做，才能保证以后不再犯同样的错误；

再听听孩子可以给你怎样的建议，并对他表示感谢。

2.3 孩子得意忘形时，他需要的不是制止，而是提醒

你有没有发现，当孩子委屈、失落或犯错时，你会跟着着急上火；然而，一旦孩子兴高采烈、得意扬扬，你却依然高兴不起来，内心甚至隐隐担忧，担心他会骄傲自满，担心他会得意忘形。

记得很早以前，有一档电视节目采访了钱学森。

> 他回忆说，在他上初中的时候，学习成绩很好，因此有些骄傲，甚至开始不把老师放在眼里。有一天，他正在看书，父亲走到他身边坐下。他心想父亲过来肯定是有事，但又不知道具体是什么事。于是，他问父亲："有什么事吗？您说吧。"父亲回答："你忙吗？不忙的话，我可以跟你聊一会儿吗？"他答应了。
>
> 然后，父亲拿出一根筷子，对他说："你试着把它折断。"他不明白为什么要这么做，但还是照做了。他轻轻一掰，筷子就断了。他还没反应过来，父亲又拿出一把筷子，对他说："来，你试着一次把这一把筷子都折断。"他说："爸爸，我折不断，我拿锯去。"父亲摇摇头说："不用锯，就用手折。"

他费了九牛二虎之力，但还是折不动那把筷子。这时，父亲语重心长地说："好，通过这件事我想让你明白一个道理——你觉得你很聪明、很优秀，但你就像那一根筷子。如果你只是自己优秀，你很容易就像那根筷子一样被人折断。如果你真的聪明，就要学会与人合作，做大事。如果大家能团结在你身边，那么你要做的事情才能无坚不摧。"在采访中，钱学森表示父亲的这段告诫让他一生受益。

你知道唐伯虎吗？

他小时候就非常聪明，拜在了一位特别有名的画家沈周门下学画画。由于他一开始就画得特别好，经常得到老师的夸奖。然而，随着夸奖次数的增多，他逐渐变得飘飘然，以为自己已经学成了，画技已经非常高超。

沈周看在眼里，急在心里。有一天晚上，他请唐伯虎吃饭。两人一边吃饭一边喝酒，唐伯虎又开始夸夸其谈，显得非常自满。这时，老师说："这天也太热了。"唐伯虎一听，看到旁边有窗户，便伸手去推。然而，他推到的却是一面墙——原来那窗户是老师画上去的，他压根没发现。

> 这一刻，唐伯虎恍然大悟，意识到自己和老师的水平相差甚远。他立刻向老师道歉，并从那天开始虚心学习，每天刻苦练习。最终，他成为四大才子之一。

这两个故事告诉我们，一旦发现孩子骄傲自满，就要及时提醒。让他明白"一山更比一山高，强中自有强中手"的道理。让他认识到虚心的重要性，知道"谦虚使人进步，骄傲使人落后"。同时，也要让他看到自己和真正优秀的人之间还有很大的差距，需要踏踏实实地学习。

具体要怎么提醒呢？

第一，提高自己的观察能力。

给自己安装一个"提醒按钮"，去觉察自己是否有"自以为是"的时刻。当你发现频繁使用"我认为""我觉得""听我说"等以"我"为主语的话语时，就该按下这个提醒按钮了。

第二，观察孩子是否也有类似的表现。

如果孩子经常说"听我的""看我""给我""我要"，或者"我认为""我觉得""我知道"等一系列以"我"为中心的语言及行为，那么你就需要帮孩子按下这个提醒按钮了。

这个"提醒按钮"可以是你和孩子之间约定好的一个秘密暗号，比如只有你们俩能听懂的语言（如"巴拉乌拉嘿"）。这样，即使在有他人在场的情况下，你们也能互相提醒，而不会感到尴尬。另外，你们也可以用一个轻微的小动作作为彼此的"提醒按钮"，比如拉拉衣角、拍一下肩膀等。

更重要的是，你要通过自己的语言和行为，给孩子树立一个积极正向的榜样。带孩子去见识更广阔的世界，让他们对自然和生命心生敬畏，从而懂得谦卑和低调做人做事的道理。

带孩子去亲近大自然，让孩子晒太阳、踩雪、踏春等，去感受大自然的魅力。如果条件允许，就带孩子往大山里走；如果条件不允许，那就带孩子多去公园逛逛。还可以让孩子养些小动物和小植物，让他们多接触自然景观，而不是仅仅停留在网红景点打卡。还可以带孩子去玩泥巴、抓青蛙，让他们体验真正的自然乐趣，而不是去参加那些有标准流程的亲子活动。

带孩子去观察和感受不同境遇的人们是如何生活的。你不需要走出所在的城市，就能发现原来在同一座城市里，人们过着如此不同的生活，比如凌晨的菜市场、拥挤的火车站、不那么讲究的路边摊，还有高档的西餐厅，不同职业的人是如何度过他们的一天的。你不需要让孩子立刻理解和懂得这些人与人的区别，只需要让他去感受、去体验就好了。

记住，人永远无法直接教会别人什么，但事情可以。作为父母，我们也不一定都能完美教育好自己的孩子，但是多给他们讲故事、多带他们看世界、长见识总是有益的。因为好故事就是孩子的老师，大自然也是，比如一朵从石缝里长出的花可以教会孩子顽强不屈的精神；下雪时放在孩子手心的一片晶莹剔透的雪花可以让孩子懂得珍惜当下的美好；在家里和孩子一起生一盆豆芽可以让孩子亲眼见证生命与成长的力量。所以，请发挥你的智慧，用你的语言和行动去提醒孩子吧！

沟通法则：

提醒，是最基本的、最温和有效的教育方式。

多多练习：

请你安装两个"提醒按钮"。

第一个按钮，可以安在你和孩子的身上，比如肩膀上或者小手指上。当你们发现对方有点骄傲自满、得意扬扬的时候，就轻轻地按动这个位置，作为对对方的一个善意提醒。

第二个"提醒按钮"，则安装在你们家里一个显眼且方便的位置，比如餐桌旁或者客厅的墙上。这个按钮可以设计成真的能发出声音，或者用你和孩子都能接受的其他形式来呈现。

这两个按钮都是为了向对方做出温柔且及时的提醒。当提醒过后，务必要给对方一个肯定的大拇指，看见并认可他的优点。因为很多时候，孩子之所以会忍不住炫耀自己、求关注，正是因为他们缺少被看见、被认可的感觉。

正如《道德经》里所说："天之道，损有余而补不足；人之道，则不然，损不足以奉有余。"人性往往如此，一个人越是缺少什么，就越是想要展示什么。那些得意扬扬的孩子，其实往往是最渴望被看见、被关注的孩子。

希望更多的父母和教育工作者们，能够用心去观察每个孩子不同情绪背后未被满足的心理需求。只有这样，我们才能真正地理解孩子们，帮助他们健康成长。

2.4 看见孩子每个情绪背后未被满足的心理需求

孩子每个情绪的背后，都隐藏着一个未被满足的心理需求。智慧的父母能够透过孩子的情绪，看到他真实的需求，而非仅仅停留在情绪本身。这对于实现和谐的亲子沟通至关重要。

情绪在沟通中犹如一把双刃剑，既像一个"信使"，帮助我们传递和接收深层次的信息，让我们看见那些隐藏起来的真相，帮助我们和孩子建立情感的连接，又可能成为阻碍沟通顺利进行的障碍。

当父母处于强烈的情绪状态时，如愤怒、悲伤或焦虑，可能会夸大或扭曲事实，以表达内心的感受。这种信息传递的失真，往往会导致孩子的误解、反感和抵触沟通。

同样，当孩子处于强烈的情绪状态时，情绪会占据父母的大部分注意力，使得父母难以专注于沟通的内容。这时，即使孩子在表达重要的观点或信息，也可能因为父母的注意力分散而无法被有效接收和理解。

情绪化的沟通往往伴随着紧张的氛围。愤怒、指责和攻击性的语言会激发双方的防御机制，使沟通双方陷入对立状态。这种紧张的氛围不仅不利于问题的解决，还可能加剧矛盾，使沟通陷入僵局。

频繁的情绪化沟通会破坏沟通双方之间的信任关系。当一方经常因情绪而出言不逊时，另一方可能会对其产生怀疑和不信任，进而降低沟通的意愿和效果。

此外，情绪化的沟通往往偏离了解决问题的初衷。沟通双方更多地是在发泄情绪和期盼对方满足自己的需求，而不是在探讨和寻找解决问题的方案。这种沟通方式不仅无法解决问题，还可能使问题变得更加复杂和棘手。

无论是父母还是孩子，情绪都不是瞬间爆发的。当孩子开始有情绪波动时，如果一直没有被人看见、没有得到理解，那么情绪就会逐渐累积，最终爆发。因此，与其说一个孩子的情绪不稳，不如说他的父母在情绪感知和理解上可能不够灵敏。

当然，情绪是可以传染的，可以从一个人传给另一个人，也可以从一个人传给一群人。理解了这一点，就不难解释为什么在亲子沟通中，一个人的情绪会导致两个人，甚至全家人陷入焦灼和混乱的状态，使沟通无法进行。

关于情绪的类别，长期以来说法不一。德国心理学家罗伯特·普鲁契克提出八种基本情绪理论，分别是快乐、愤怒、悲伤、恐惧、惊讶、期待、厌恶、抱怨。让我们一起来看看这八种基本情绪在孩子身上的体现，以及它们背后隐藏的心理需求。

（1）快乐：当孩子表现出特别开心的时候，这其实是他在强化所感受到的美好、幸福和成就感。此刻，他特别渴望获得父母的祝福。我们应该了解孩子为何开心，真诚地与他分享喜悦，并肯定他在这件事中展现出的积极行为和品质。正如心理学家所倡导的，我们应当表扬孩子的努力而非天赋，因为努力是品质，而天赋是与生俱来的。这样做能让孩子的快乐加倍。你可以说："这件事太值得庆祝了！"

（2）愤怒：当我们发现孩子特别愤怒，甚至出现对内或对外的攻击倾向，无论是语言上还是肢体上的冲突，这其实是孩子在自我保护。作为父母，我们首先要了解孩子为何生气。生气往往源于孩子对某人或某事的期待未能如愿，他有强烈的改变现状的愿望。此时，如果我们能认同和理解他的期待，帮助他寻找解决方案，陪他看见希望，就能有效地帮助孩子化解愤怒。

（3）悲伤：当孩子表达悲伤时，他其实是在寻求关心和帮助。我们应该去了解孩子为何悲伤、难过，了解他此刻是需要同情、帮助、支持还是陪伴。然后，陪着他、亲亲他、抱抱他，告诉他无论遇到什么挫折和困难，爸爸妈妈都会永远支持他、帮助他，与他一起面对挑战。这样，孩子就能感受到家庭的温暖和力量。

（4）恐惧：当孩子表现出害怕时，他其实是在通过自我保护来回避危险。我们要了解孩子为何害怕，理解并认可他这种自我保护的方式，因为自我保护是非常正常和合理的。同时，告诉他我们会如何支持他、保护他，帮助他获得勇敢和力量去迈出这一步。这样，我们就能成为孩子心中的守护神。

（5）惊讶：当我们发现孩子表现出惊讶的反应，不同于寻常时，其实是他的内心对不可预测的事物的惊奇与观察。父母首先要了解孩子为何惊讶，这可能是他缺乏对未知新奇环境的接触与探索。此时，如果父母能给他一个温柔、耐心的回应，认同他的好奇，说出他的感受，就能帮助他建立与新鲜事物的美好连接，带给他一份被引领和被尊重的体验。

（6）期待：当我们发现孩子表现出嫉妒心时，其实他是在寻找自己真正想要的东西。父母需要了解孩子嫉妒的原因，大概率是因为他期待得到的东西还未得到。此时，父母应该认可他的这份期待，帮助他明确目标，并支持他行动起来，通过改变自己和付出努力来争取到想要的东西，这样就能帮助孩子化嫉妒为力量，找到正确满足自己期待的方式。

（7）厌恶：当孩子出现厌恶某人、某物或某事时，他会选择把自己的情绪压抑起来，这其实是他为了获得安全感而逃避冲突。作为智慧的父母，要先了解孩子为何感到厌恶，可以通过提问来引发孩子的思考，比如可以这样问："选择回避，真的是保护自己最好的方式吗？有没有既不用压抑自己，也能避免和别人冲突的办法呢？"父母不必直接给出答案，一旦他开始思考，他的心里就已经有了答案。

（8）抱怨：当我们经常听到孩子抱怨时，其实他背后的需求是希望得到理解、关注和倾听。作为智慧的父母，我们首先要了解孩子为何抱怨，看到他内心的渴望，真诚地倾听他的诉求，理解并支持他的情绪，关注他的需求。可以这样告诉他："我非常理解你的不满，爸爸妈妈现在能做点什么，能让你感觉好受一些呢？"这样做，我们就能拥有一个乐观、积极、阳光的宝贝。

人的情绪非常复杂、多变，在孩子的成长中，他们所感受到的情绪远不止这八种。在"情绪晴雨表"中，人的情绪按照活跃度和愉悦度被划分为 80 种，而在实际生活中，可能还要更多，因为用来形容情绪的词语无法计数。

沟通法则：

情绪，是亲子沟通的"信使"，利用好情绪，让亲子沟通更有温度。

多多练习：

邀请孩子参与一个有趣的游戏：请他们通过画出不同表情的脸来描绘一天中的情绪变化。例如，早上可能是个灿烂的笑脸，中午或许变成了一个沮丧的哭脸，而到了晚上又变回了开心的笑脸。然后，耐心地倾听孩子讲述每一个表情背后的小故事，了解他们一天中的经历和感受。

这个游戏不仅是一种了解孩子的方式，更是一个加深亲子关系、促进亲子沟通的绝佳机会。

2.5　用感谢的话，强化孩子的好品行

在生活中，让父母常对孩子说出感谢的话，确实是个不小的挑战。然而，孩子们渴望听到的不仅仅是表扬，更多的是感谢。因为得到感谢能增强他们的价值感，而这份价值感正是引导他们走向美好未来的关键。

父母不愿对孩子表达感谢，背后的原因复杂多样。

首先，传统观念的影响不容忽视。在一些家庭中，长辈被视为权威与尊严的象征，他们可能认为向晚辈表达感谢会削弱自己的地位。这种相处模式下，长辈觉得晚辈的付出是理所当然的，无须特别感谢。这种观念也潜移默化地影响着年轻一代的父母。

其次，父母的沟通方式和表达习惯也是重要因素。有些父母可能更擅长用行动来表达情感，而非言语。他们担心过多的感谢会让孩子变得骄傲自满，影响教育效果。

其实，表达感谢不仅是一种情感的传递，更是一种有效的教育方式。通过向孩子表达感谢，父母可以教会他们感恩和尊重他人，培养他们的良好品德和社会责任感。

为了让家庭氛围更和谐，我鼓励父母和孩子之间建立更加开放、真诚的沟通氛围，让感谢成为家庭关系中的一道亮丽风景线，让爱

与尊重在家庭中流淌。现在，就让我们一起探索"感谢"的力量，学习如何真诚地表达感谢吧！

第一，一同感受"感谢"的力量。

感谢，它虽无形，却能深深触动人心。它不仅是人与人之间情感连接的桥梁，更是一种深刻的认可与尊重。当我们向孩子表达感谢时，简单的"谢谢"二字，传递的是对孩子的认可，能加深亲子间的理解与信任，使关系更为亲密。

更重要的是，感谢能激发孩子的内在动力。当孩子感受到来自他人的感谢时，这种被认可和被需要的感觉，如同一股强大的推动力，激励他们更加积极地去行动、去努力。

> 嘉睿，一个活泼好动的小男孩，刚上一年级，家中还有一个两岁的妹妹。妈妈常说，嘉睿除了睡觉，几乎没有一刻是安静的。无论是在学校还是公共场所，接到关于嘉睿的"投诉"已成为妈妈生活的常态。
>
> 他上下楼总是蹦蹦跳跳，走在小区里也要边玩边走，踩在马路牙子上看见树叶也要摘一把，遇见邻居遛狗更要追上去摸两下，时不时还会把妹妹逗哭。无论是谁和他待上一天，都会感到疲惫不堪。
>
> 然而，就是这样一个孩子，在妈妈的一声感谢中，发生了转变。

这一变化的起因，缘于嘉睿妈妈与我的一次个案咨询约定。由于白天时间无法协调，我们只好安排在周五晚上通话。妈妈非常担心通话时嘉睿会来捣乱，于是我建议妈妈尝试用真诚的感谢来为孩子设定一个特别的任务，以此换取一个安静的空间和一段固定的时间。

在我的鼓励和引导下，妈妈按照建议行事。她对嘉睿说："嘉睿，今晚8点妈妈要学习，要跟我的老师打一个非常重要的电话。妈妈在打电话时不能被任何人打扰，所以妈妈想请你帮个忙，好吗？"

嘉睿好奇地问："什么忙？"

妈妈接着说："妈妈想请你帮妈妈守住书房大门，确保没有人在书房门口大声说话，也不让任何人在我打电话时进入书房。你能不能做一次小警察，保护妈妈的学习不被打扰呢？妈妈会真心地感谢你，因为我真的很需要你的帮助。"

你猜怎么着？嘉睿不仅爽快地答应了，而且做得非常好。当嘉睿妈妈和我结束通话后，她打开门，看到嘉睿笔直地站在书房门口，就像一名守护和平的勇士。那一刻，她惊讶极了！奶奶在旁边说，刚才无论谁从门口经过，嘉睿都会小声提醒："嘘，轻一点，不要吵妈妈，她在学习呢！"他就那样坚定地站着，连叫他吃水果都不为所动。

嘉睿妈妈怎么也没想到，原本那个调皮捣蛋的孩子，竟然也能如此安静地默默守护着她。她非常感动，意识到自己只是真诚地对孩子表达了感谢和需求，孩子就像变了个人似的，努力完成了妈妈安排的任务。回想起自己曾经的暴跳如雷、对孩子吼叫责罚，那是多么费力又愚蠢的徒劳啊！

感谢不仅具有魔力，更关键的是它省力多了！

我告诉嘉睿妈妈："现在你要再次郑重地对孩子表达感谢，感谢他为你创造了40分钟的安静空间，并且告诉他，如果没有他的努力，你今天是无法完成与我这次高质量的通话的。同时，你还要把今晚通话中的收获与嘉睿分享，因为那也是他的付出换来的'成果'！"

嘉睿妈妈听了我的建议，于是端上一盘草莓给嘉睿，母子俩坐下来聊了起来。

嘉睿妈妈刚刚用的不仅是"口头表达感谢"，还加上了一盘草莓作为实质性的奖励，真是既温馨又有效。

第二，这6个方法，助你向孩子表达真诚的感谢。

日常生活中爸爸妈妈向爱人、家人表达感谢的方式，也是在教孩子如何感谢他人。这样，他们不仅能感受到被感谢的幸福与快乐，也能学会更多向别人表达感谢的方法。

（1）口头表达感谢：直接告诉孩子，你感谢他的好品格或好行为。例如，嘉睿妈妈对孩子说的话。

（2）书面表达感谢：写一封感谢信或便签给孩子，让他知道他的行为对你有多重要。这种方式可以让孩子反复阅读，深深感受到你对他的认可和感激。

（3）尊重他们的努力：无论孩子做的事情大小，都要尊重他的努力。即使他做的事情并不完美，也要感谢他勇敢的尝试和为此付出的努力。

（4）公开表达感谢：在家人或朋友面前表扬孩子，让他知道他的行为得到了大家的认可。

（5）营造仪式感：在家庭中创造一种感谢的氛围，比如举办一个"家庭颁奖晚会"，让孩子知道感谢是家庭文化的一部分。

（6）通过行动表示感谢：比如给孩子一个拥抱、亲吻，或者陪他做他喜欢的事情。也可以用他期待已久的小礼物表示感谢，当然也可以包括陪伴的时间或安排一个他喜欢的活动。但请记住，这些奖励应该是出于真心的感谢，而不是交换条件。

当孩子被真诚地感谢时，他会感受到<u>被认可、被理解、被尊重和被需要</u>的感觉。这种感觉会大幅提升孩子的价值感和成就感，也会增强他的内在能量，使他更加有力量和信心面对未知的困难与挑战。同时，感谢应该是真诚的，而不是敷衍的。你的孩子会感受到你的真心，并因此更加爱你和尊重你。

💬 **沟通法则：**

常常听到父母感谢的孩子，他们的自我价值感更高。他们也更清楚自己该做什么，不该做什么。

📖 **多多练习：**

请你从以上六种真诚表达感谢的方法中选择一种，来感谢一下你的孩子。相信你做完这个小练习，你们的家庭氛围会发生微妙的变化！

感谢的语言多了，抱怨就少了；感谢的举动多了，隔阂就少了；感谢的方式多了，阻碍就少了！

笔记栏

第 3 章

接纳，是与孩子真正建立连接

"你所抗拒的,不仅不会消失,反而会日益强大。"

——卡尔·荣格

在亲子关系中,大部分父母之所以饱受压力和焦虑的折磨,主要是因为父母总是试图改变孩子。然而,父母必须先全然接纳眼前的这个孩子,包括他的一切言行,才有可能陪伴他一起成长和改变。

接纳,是通往改变的契机。有时候,尽管我们无法改变既定的事实,但我们可以调整自己与这些事实之间的关系,以及我们对这段经历的感受。一旦我们做到了这一点,事情往往就会出现转机。

我们学会了顺应那些条件反射式的抗拒,就能清空被抗拒情绪占据的空间。这样,我们就能为自己和孩子腾出更多的空间,实现和平相处。

接纳与倾听是相辅相成的。在倾听孩子的同时,我们最好怀揣着接纳的心态。事实上,倾听、接纳和引导,是构成"亲子沟通"的铁三角,共同支撑着亲子之间的有效交流。

第 3 章 接纳，是与孩子真正建立连接

3.1 接纳孩子的不完美，蓄满孩子的"能量杯"

接纳，是父母与孩子建立真正情感连接的必经之路。父母应以关怀为起点，以宽容为终点，拥抱与孩子共同成长的无限可能。

孩子是上天赐予父母的礼物，每个孩子都是独一无二的个体。作为父母，我们往往希望自己的孩子能够成为最优秀的那一个。一旦我们对孩子有了高期待，随之就会对孩子提出高要求，因此便常常忽视孩子的能力水平与客观事实，只关注最终的结果，而忽略了孩子的努力和成长过程。

每个孩子的心里都有一个杯子，用于盛装父母给予的爱。当这个杯子被爱填满时，孩子的内在能量就会丰盛有余，长大后便会体会到"爱满自溢"的感觉；当这个杯子很空，或者只有一点点爱，孩子的内在能量就会匮乏，长大后就会拼命地向他人索取爱。这里，我把这个杯子叫作"能量杯"。

匮乏的能量杯　　有爱的能量杯　　爱满自溢的能量杯

（绘者：张展旗，8 岁）

能量匮乏的孩子，常常表现出做事谨小慎微、不自信或过度依赖他人的特点。他们经常感到被忽视、孤独和无助，自我价值感较低，不会积极主动地表达自己的需求。他们渴望得到别人的关爱，却又希望对方能够猜中并满足自己的内心需求。此外，他们在做事情时也容易虎头蛇尾。

能量丰盛的孩子，情绪比较稳定，很自信。他们相信自己值得被爱，能够与他人建立良好的人际关系。他们敢于尝试具有挑战性的事情，因为他们知道在挫折和失败面前有父母的支持和鼓励。他们也更愿意主动思考问题和解决问题。

大自然遵守"优胜劣汰"的法则，但凡来到这个世界的孩子，代表他们已经经过了大自然的考验和选择。所以，我们可以很肯定地告诉孩子"你已经足够好了"！

作为父母，首先我们要明白，孩子有自己的优点和缺点，这是成长过程中的自然现象。认识到这一点，我们便能更容易地接纳孩子的不完美。接纳孩子的不完美，是每个父母在育儿过程中必经的挑战，但也是孩子成长中不可或缺的一部分。

其次，我们需要有发现美的眼光。每个孩子都有自己的闪光点，关注孩子的优点、肯定孩子的进步，能让孩子感受到自己的成长和变化，从而变得更加自信。

再次，我们应具备包容的心态和开放的视野。当孩子犯错时，不要急于批评和指责，而是引导孩子从错误中总结经验，培养孩子的抗挫能力和解决问题的能力。同时，也要鼓励孩子多尝试新事物，激发孩子的兴趣和好奇心。

通过关注孩子的优点和进步、鼓励他们尝试、不怕他们犯错、建立良好的沟通机制以及尊重他们的个性和选择，我们可以帮助孩子更好地认识自己、接纳自己，并成长为更加独立和自信的人。即使在不完美中，你也能发现闪闪发光的小火苗。抓住这希望之光，用它来点燃孩子的内驱力，孩子便会获得满满的能量。

> 这里以电影《放牛班的春天》为例，一位音乐老师拯救了一群被大人们放弃的问题孩子。在校长、老师和父母眼里，他们劣迹斑斑，经常受到残酷的体罚。但在新来的音乐老师眼里，他们却是需要被善意对待的孩子。无论孩子们搞了多少恶作剧，闯了多少祸，音乐老师马修都接纳并包容着这群"问题少年"，将他的爱一次次注入每个孩子的心里，激发了他们向美向善的念头。

很多时候，体罚并不能真正解决问题，孩子反而会认为这是父母的一种"报复"方式——因为你刚才气到我了，所以我要惩罚你。这种互动方式是错误的。只有在消极行为中能发现积极因素的老师或父母，才是孩子真正的人生导师，生命的教练！

沟通法则：

爱是一种能量，让爱流动起来，蓄满孩子的"能量杯"。

多多练习：

请准备多个透明的空杯子和几盒牛奶。首先，请孩子举起手中的空杯子，其他家庭成员则各自手持牛奶站在一旁。孩子保持在原位不动，等待每一位深爱他的家人走向他，并依次向他的杯子里倒入牛奶。

之后，询问孩子："现在你的杯子里装满了牛奶，你打算怎么做呢？"观察孩子的反应后，请每位家庭成员将自己手中的空杯子举起，并置于胸前（高度确保孩子能够得着），邀请孩子将牛奶分享给每一位家人。

这个练习过程象征着大人们将爱倾注给孩子，而孩子再以爱回馈给大人。通过这样的练习，我们将抽象的爱的传递以更具体、更生动的方式展现在孩子面前。

3.2 允许孩子做不到，接住孩子的"情绪棒"

记得在我6岁左右的时候，我去姑姑家串门。姑姑的邻居家有个和我同龄的小女孩，她可能还要比我小几个月。我们每天都在一起玩耍。（我现在只能模糊地记得她那圆嘟嘟、白嫩嫩的小脸蛋十分可爱，以及我们玩得非常开心。）

然而，有一天，一个表姑来了，她当着我的面说："看看人家的孩子长得多高呀，再看看咱们多多，长得这么矮，都是因为我哥和嫂子长得矮。"这句话让我难过了一整天，因为被拿来比较的感觉实在太糟糕了。以至于，我现在都记不住那个玩伴的具体样子，更记不得我们当时玩了什么游戏，但表姑当年拿我跟别人家孩子做比较的话，我却记了二十多年。

在我上初三那年的春节，家人们都聚在一起过年。我的一个小妹妹，当时大概五岁，在大家面前舞蹈表演，所有人都夸她跳得很好看。我爸当时说了一句："看人家静怡这么小，比我家多多厉害多了。"

> 听完这话，我跑到自己房间，关起门来哭了好久，任谁来哄都没用。我当时心想：你也没送我去专业的舞蹈班学习过呀，凭什么拿我跟一个学了很久舞蹈的小孩子比？我觉得特别委屈，觉得大人们真是不讲道理。
>
> 当我在翻这些"旧账"时，我也在回忆，我是不是也有过"更胜一筹"的时候。确实有，而且次数还非常多。可为什么在我的记忆深处，唯独那些被"比下去"的记忆挥之不去，而那些独占鳌头的片段却并无波澜呢？

现在，当我以一个成年人、一个亲子咨询师的视角来看待这些"比较"的行为时，我发现，在孩子的心里，他们比谁强，并不足以激发他们的本能反应。尤其是当说到个子高、长得白、吃得快、更聪明、讲卫生等词汇时，在孩子的认知系统里，这些更胜一筹的事情并非孩子努力得来的，大部分都是父母的功劳，所以听得越多越不以为意。反而是当孩子听到自己"技不如人"的时候，会立即激发自己的本能反应：惊呆、战斗或逃跑（这是对自己的一种保护）。

（1）惊呆的反应是：当听到爸爸夸奖亲戚家的小妹妹跳舞更好时，孩子（我）原本准备好的节目突然表演得一塌糊涂。

（2）战斗的反应是：当孩子被父母说不好时，孩子可能会彻底"放纵"，甚至想要把场子都砸了，表现出愤怒和抓狂的情绪。

（3）逃避的反应是：孩子可能会选择跑到自己的房间，关上门独自哭泣。

为什么一定要让我们的孩子和别人一样呢？和别人一样就一定好吗？如果我们总是让孩子努力成为别人那样，那谁来成为他呢？

父母应该接受每个孩子的独特性，即便是双胞胎，每个孩子也是独一无二的个体；要觉察并停止将孩子与他人进行比较，与兄弟姐妹比较不合理，与大人比较更不公平。请允许你的孩子成为他自己，做自己就很好。这里，有几句话与父母们共勉。

（1）如果你的孩子性子慢、常拖延，做事谨慎就是一个难得的好习惯。况且，慢一点有时也能避开一些麻烦。更何况，他并非总是慢，也有快的时候，慢与快，都是他的选择。

（2）如果你的孩子粗枝大叶、不够细心，甚至经常丢三落四、不为小事所累的性格会让他拥有更多的快乐。他不会被琐碎的事情所困扰，这是一种难得的境界。当然，学会管理好自己的事情是他的必修课。

（3）如果你的孩子目前成绩稍差，对学习、写作业感到抵触和吃力，别忘了去发现他身上的其他优点。因为每个孩子身上都有优点，就看你有没有发现的能力。

无论孩子做得好与不好，是给你争光了还是丢脸了，他都是你的孩子。他内心渴望的是被你坚定地选择，就像当年你决定把他带到这个世界上一样。

💬 沟通法则：

允许孩子不一样，他才能活成自己的模样！

📖 多多练习：

准备一个透明的玻璃瓶，请孩子把他的梦想写在纸条上，并标记上年月日，塞进瓶子里，然后和孩子聊聊如何实现这个梦想。

3.3 你的会心一笑，化解孩子所有悲伤

笑声里流淌着爱与情感，一个家庭中笑声越多，这个家庭就越充满爱意。

> 周末，弟妹一家带着还不到两岁的小侄子来我家做客。不知怎的，小侄子哭闹了起来，可能是想去外面玩，但炎热的夏天，中午外面实在太热了。几个大人换着法儿地逗他、哄他。
>
> 我随手拿来一把搞卫生用的扫把，像抱吉他一样抱在怀里弹奏，笑嘻嘻地在他面前夸张地表演。神奇的一刻出现了，小侄子竟然不哭了，而是认真地看着我演。随后，我又将这把"吉他"变成了"冲锋枪"，我们玩儿了好多个回合，乐此不疲。

小孩子的哭闹，一场游戏就能化解；但大孩子的悲伤，就需要我们换个思路来应对了。

> 13岁的芸芸正在为一件事伤心。她有一群小闺蜜,每个人过生日时,其他人都会精心准备礼物去参加生日会。这不,她上周末刚给好朋友准备好了生日礼物,心想这个周末去给朋友庆生,结果却发现自己竟被闺蜜群的群主移出了群聊。她很不解,也很伤心。
>
> 她认为自己很认真地对待朋友们,可却被这样无情地对待。她看见妹妹为好朋友准备礼物时,十分愤怒,没好气地对妹妹说:"准备礼物也没用,她们也不会真的喜欢你。"妹妹听了后,也变得不开心了。

如果芸芸的父母觉察到芸芸的情绪和状态,这样跟芸芸说:"你一定很难受吧?""你愿意跟我说说都发生了什么吗?""换成是我,也会很难过的……"我相信芸芸之后在面对友情这件事上会多一些积极的心态。

父母都不愿意看到自己的孩子受伤,都希望孩子每天开开心心的。可现实中,孩子会遇到各种各样的人和事,对这些人和事的反应,恰恰是父母潜移默化教育的结果。所以,我们要学会微笑处理和孩子的关系。

(1)微笑着倾听:父母放下手中的事情,全神贯注地听孩子讲述他的经历和感受,用眼神和肢体语言温柔地表达对孩子的在意和尊重。理解孩子的感受，而不是急于给出建议或解决方案。

（2）微笑着回应：当孩子分享他们的经历、感受或困扰时，父母微笑并用简单的话语表达对孩子的理解和共情。例如，"听起来你现在感到很难过/伤心"，这样的回应，让孩子知道父母正尝试站在他的角度体会他的经历。

（3）微笑着拥抱：在共情的过程中，父母要避免对孩子的行为或感受进行评判或指责。即使父母不完全同意孩子的看法或做法，也要尊重孩子的感受，并尝试理解其背后的原因和动机。这时，父母给孩子一个温暖的拥抱、摸摸头，就是最好的安慰！

（4）微笑着点头：在沟通中，父母找到合适的时机，分享一些与孩子当前经历相似或自己相关的经历。这有助于拉近父母与孩子的距离，让孩子感受到彼此之间有共鸣、相互支持。这时，父母笑着冲孩子点点头，帮助孩子放松下来。但请注意，这里分享的目的是表达父母对孩子的感同身受，而不是为了证明父母的经验更丰富或更正确。

（5）微笑着竖起你的大拇指：父母在引导孩子思考解决问题的方法时，可时不时地竖起大拇指，鼓励孩子表达自己的观点和想法，并给予适当的指导和支持。这样不仅可以帮助孩子培养自主解决问题的能力，还能增强孩子的自信心和责任感。

💬 **沟通法则：**

把慈爱的微笑带给孩子，是我们给予孩子最强大的无声的力量。

📖 **多多练习：**

打开计时器，邀请孩子和你面对面、微笑地看着对方的眼睛，从 30 秒练起，再到 1 分钟，最后看看你们最长可以这样温柔地看着对方多久，感受你们在做这个练习时内心体会到了什么。

3.4 感受到"被理解"后,孩子才会主动转身面向问题

> 让我们先来做一个游戏:给你十秒钟思考一下,假如你的孩子对你说:"妈妈,我不想上学。"你会怎么回应他,来表示你是接纳他的呢?1,2,3,…,10。好,时间到。

要想做好"接纳",我们首先要做到以下两点:第一,管理好自己的表情,避免流露出过于惊讶或不解的神情;第二,用心体会孩子的感受。

上面的游戏中,孩子说"不想上学",我们首要做的事情就是洞察这句话背后孩子的真实需求,即他究竟想表达什么。很多时候,孩子表达不想上学,背后的原因复杂多样。一旦我们直接拒绝孩子,那么孩子的真实需求可能会被长久埋藏,孩子面临的真实困难也无法得到我们的帮助。

所以,作为父母,我们不应忘记与孩子沟通的目的。我们的目的不是说服孩子,更不是制服孩子。唯一的目的是:通过沟通与孩子达成共识,与孩子共同面对问题。

为了实现这个目的，我们需要深入探究孩子为何会产生这样的想法，需要从动机、时间线、身体感受以及意愿这四个维度与孩子进行深入交流。

例如，这种"不想上学"的想法持续多久了？在什么情况下最为强烈？又在什么情况下愿意去上学？

有的孩子可能会说，天冷的时候或者老师严厉的时候，抑或同学不愿意跟他玩，甚至把他的书放在地上踩的时候，他就不想上学。那么，这些或许就是孩子背后的真实原因。

如果孩子说："我不想上学的想法有一段时间了，但一直不敢说。"这时，父母就需要反思"为什么孩子在遇到困难时不敢第一时间告诉你"。实际上，这个问题比不上学更为重要。这可能意味着在以往的亲子沟通中，父母没有做到真正地倾听与接纳，孩子没有感受到平等、被尊重和安全感，因此在遇到困难时不敢向家长倾诉。我们试着观察一下，那些在同伴中缺少话语权、谨小慎微，甚至经常被其他孩子欺负的孩子，往往在家里也可能很少得到父母的尊重和爱。

<u>家，是什么地方？是孩子的避风港，父母的爱，是孩子面对世界的底气！</u>

如果孩子向你表达了某些令他不悦的事情、感受、想法或经历等，你可以尝试询问孩子，在那些不愉快的经历中，是否有过好的感觉。然后，引导孩子带着这些好的感觉重新去体验那件事。<u>因为</u>

感觉好，才会做得好。

这种方法就是"聚焦"，即当我们把焦点放在哪个地方，事情就会朝着哪个方向发展。如果我们把注意力聚焦在积极的、有趣的、开心的方面，那么孩子每天就会带着积极美好的感觉去上学，结果定会不同。

当然，这个方法也不是万能的，父母需要根据具体场景来随时调整。

> 我的一位个案咨询来访者，她是一位 9 岁男孩的妈妈。她告诉我，孩子有一天对她说："妈妈，我不想上学，我害怕。我上厕所时，有高年级的男同学用脚踢我的生殖器。"

对于这种对孩子的身心产生威胁、对孩子的生命安全造成危害的事情，一旦在沟通中听到孩子直接或间接的表达，父母必须立即采取行动，核实情况，并给予孩子及时、必要的帮助和保护，绝不能留下任何隐患。

如何感受孩子的感受呢？

有些父母天生感受力比较强，总是能较为准确地捕捉孩子的情绪变化；有些父母天生感受力比较弱，有时甚至连自己的感受都经常忽视，更别提感受孩子的内心世界了。

我以前其实就是一个感受力较弱的人，当被要求用形容词描述父母在自己心中的形象时，我竟然感到词穷，看别人写了好多，而我当时只写出几个词语。对于他人的好意或敌意，我也总是后知后觉，这对我的人际关系，尤其是职场关系和亲密关系，影响很大。

杜甫的《春望》里有一句是这样写的："感时花溅泪，恨别鸟惊心。"人的情绪感受是本能的，是最真实的，当情绪到了一定程度是难以控制的。

后来，我开始刻意练习，以提升自己的感受力。得益于我的工作，我常年要为父母们做亲子关系个案咨询。在与来访者的一对一沟通中，我不断尝试去感受对方的感受。同时，在分析孩子们的绘画作品时，我也努力走进他们的内心世界。久而久之，我的感受力变得越来越强，经常被来访的父母真切地说："多多老师，您怎么比我还懂我的孩子啊！"

所以，感受力是可以通过刻意练习慢慢提升的。这里，我教大家一个12字口诀，即眼对眼、肩并肩、手拉手、心连心。

眼对眼：不管孩子对你说什么，也不论发生了什么，请一定要看着孩子的眼睛说话，也要请孩子看着你的眼睛。

肩并肩：靠近孩子的身体，与孩子并肩坐在一起，用身体传递给他力量。

手拉手：当孩子情绪波动较大时，拉着他的手，会使孩子快速感受到你的温度，有助于帮助孩子平稳情绪。

心连心：父母与孩子之间紧密的情感连接和心灵相通的共鸣。

这需要父母经常与孩子进行"心灵电话"式的沟通。"心灵电话"是我自创的一种父母与孩子心连心沟通的方式。即我们与孩子约定，在某一时刻，我们把想对彼此说的话，在心里默默地说出来，之后再当面聊一聊，说出心里听到彼此说了哪些话？

你会发现，这通"心灵电话"的内容竟然能被对方神奇地接收到，甚至能原话复述。做过的父母都直呼：好神奇！

久而久之，你和孩子的心便连在了一起，沟通起来更加亲密、默契。

<u>这里帮大家总结了一个公式：看见+听见+悟见=被理解</u>

（1）看见，即看见孩子的行为、表情及异常的举动。这需要父母花点时间。

（2）听见，即听见孩子的"声音"，除了听他们直接说出来的感受和经历、想法与困惑外，还要听见孩子情绪背后的声音，比如：重重的关门声、唉声叹气、跺脚或蹑手蹑脚等。这需要父母花点心思。

（3）悟见，即悟见孩子的情绪情感，用心去感受孩子此刻的感受，这种悟见不需要言语确认，也不需要行为上的判断，而是觉察其本质。这需要父母花点精力去体悟孩子当下的情绪情感的波动。

如果大家能在生活中按照这个公式刻意练习，逐渐掌握其妙处，便能真正做到理解孩子。只要孩子感受到"被理解"，他便可以主动转身面向问题。

沟通法则：

看见＋听见＋悟见＝被理解

被理解才会感觉好，感觉好才会做得好。

多多练习：

请用 10 个形容词，形容一下你自己，再找出 10 个形容词来描述一下你的孩子。

例如：古灵精怪的、害羞的、温柔的、真诚的等。

写好后，念给孩子听，看看他的反应，也可以邀请他用形容词，形容一下爸爸妈妈。

3.5 沟通的气氛轻松一点，你更容易获得孩子的信任

当遇到危险时，我们会本能地做出"惊呆、战斗或逃跑"的反应，这是身体在压力下的保护性机制。面对迫在眉睫的危险，我们的呼吸会变得浅而急促，血糖水平也会迅速上升，以应对威胁。

在家庭关系中，如果父母给孩子的压力太大，孩子就像始终紧握的拳头，变得易怒，甚至想要逃离这种关系。父母若能营造一个轻松的沟通氛围，就能帮助他们慢慢松开这个"拳头"。

为什么要建立一个好的沟通氛围呢？

好处1：增加亲密度

在轻松的沟通氛围中，孩子更容易放下防备，敞开心扉与父母交流。这种开放和坦诚的沟通方式能增进亲子之间的亲密度，让孩子感受到家庭的温暖和支持。

好处2：促进脑发育与激发创造力

在轻松的沟通氛围中，有助于让双方的大脑更专注，父母能更耐心地倾听孩子的想法，与孩子一起探讨问题，从而激发出创造力。

好处3：增进信任

紧张或压抑的氛围容易引发亲子间的冲突和不满。而在轻松的

沟通氛围中，孩子更容易得到父母的认可和鼓励，从而增强与父母间的相互信任。双方能保持冷静和理智，以更平和的方式解决分歧。

怎么才能建立一个好的沟通氛围呢？

第一，选择适宜的时间与地点

选择地点时，应优先考虑那些能让孩子感到放松的环境，如整洁的家中、宁静的花园或私密安静的咖啡馆；选择时间时，应避开孩子忙碌或累的时候进行沟通，一定要把握"先关注人，后关注事"的原则，把孩子的感受放在第一位。

第二，运用轻松的语言与语气

沟通时，应采用轻松、幽默且积极的语言，避免使用过于严肃或指责的口吻。通过微笑、眼神交流及肢体语言，传递出你的友好与亲近。

第三，以轻松话题作为开场白

可以选择他们最感兴趣或最擅长的话题（游戏／故事）作为开场白。比如："妈妈给你讲个故事吧！"或"我们一起来玩个游戏怎么样？"

第四，沟通过程中要灵活应对孩子的话题

当你想让孩子保持家里的卫生、养成运动的好习惯时，你心里想的是什么？是说服他照你的话去做，对不对？可一旦你产生想要说服孩子的念头，你们沟通的氛围就变得不那么轻松了。

要遵循的沟通原则是什么呢？ 那就是，避免触发反抗机制，不

说"你应该",而说"我需要"。

"你看看家里被你搞得乱糟糟的,收拾好果皮垃圾,是你应该做的。"

"只知道吃吃吃,你就不能跳跳绳、跑跑步吗?你应该多运动才健康。"

如果你是孩子,听完这两句话,你的感受是怎样的呢?"你应该"会让我们感到莫名的压力,即便我们愿意做的事情,也可能因为这种表述而产生反抗情绪,因为我们不是由他人操控的机器。

现在我们来尝试,把"你应该"换成"我需要",看看效果如何:

"宝贝,妈妈需要一个整洁的家,因为这样我的心情会好一些,你愿意让妈妈的心情好一些吗?"

"宝贝,妈妈需要你有一个健康的身体,看到你健康、充满活力的样子,我感到无比幸福。我们一起去楼下跳绳吧!"

当我们用"我需要"来表达时,孩子感受到的是被尊重和被需要,而不是仅仅被要求、被命令去做某事。

"我需要"会唤起一个孩子的主动性,因为它会激活埋在孩子心底的责任感和使命感。人性的三大刚需:被认可、被理解和被需要。感受到被需要的人,做起事来才会动力十足。

因此,将"你应该"替换为"我需要",可以有效避免触发孩子的反抗机制,值得一提的是,这对于成年人之间的沟通也同样适用。

沟通法则：

沟通中，避免触发对方的反抗机制，不说"你应该"，改说"我需要"。

多多练习：

这个练习很有趣哦！请你每天用"我需要"开头，对你的孩子或伴侣说一句话，并仔细观察他们的反应。例如：儿子／女儿，我需要你帮我捏捏肩膀；老公／老婆，我需要你抱抱我……

第 4 章

增加信任,与孩子彼此敞开心扉

"要做真正的知己,就必须互相信任。"

——列夫·托尔斯泰

前面我们提到,营造良好的沟通氛围有助于建立关系双方的信任基础。信任和沟通是相互依存、相互促进的。缺乏信任的亲子沟通会阻碍重重,而充满信任的亲子沟通则其乐融融。

孩子天生会信任并跟随父母,所以,我们常常看到许多孩子会模仿父母的行为、言辞和价值观。

德国著名的心理治疗师、"家庭系统排列"创始人海灵格认为,孩子潜意识里,总会有对父母的忠诚和爱的回馈。孩子可能会在潜意识中模仿父母的行为模式、价值观和生活方式,以此证明自己对父母的忠诚和爱,这也导致有一些孩子不知不觉地活成了父母的样子。还有一些孩子,从小到大,他们都在极力追求,要和父母截然不同,以此证明他存在的价值。

4.1 当众"不揭短",给孩子留面子

作为父母,我们很难忘却自己的身份,更难放下自己的权威,导致难以与孩子进行平等对话。这也是孩子感受不到被父母尊重的原因所在。

所以,在亲子沟通中,我们既要做到客观接纳,也要在主观上做到真心接纳孩子,要放下对"完美小孩"的执念,深入感受孩子的内心,真心接纳他们的不完美。

尊重孩子,就应该做到当众维护他们的自尊,不揭短。

> 文文,今年12岁。周末,她正在家写作业,听见妈妈和家里的客人在讨论她。妈妈跟大家说文文来月经了,还讲了很多细节。文文走出房门,便被大家以关心的名义各种询问,这让一个刚刚进入青春期的小女孩甚是尴尬,脸涨得通红,眼泪在眼圈里打转,迅速逃离了现场。可就在这时,妈妈反而批评文文不懂事、没礼貌,不好好招呼客人,让她很难堪。

你看,在家庭中,如果我们像文文妈妈这样不懂得保护孩子

的隐私，孩子就会经常感受到不被尊重。他们的想法和内心感受也很难表达出来。文文之所以不回答客人们的问题，转身离开房间，并不是因为她没有礼貌，而是因为大人们没有给予她应有的尊重。

孩子的隐私、不足甚至缺点，都可以被视为他们的"软肋"。当这些"软肋"被他人拿来议论时，孩子的自尊心就会受到严重的伤害。正如一首歌唱的那样"往往最爱我的人，伤害我最深"。而中伤孩子的，有时恰恰是他们的父母，因为父母是最了解孩子"软肋"的人。

父母们总希望孩子能够接受他们的价值观，可他们不知道的是孩子更相信喜欢他的人说的话。如果父母一味批评、挖苦孩子，孩子很难相信父母说的观点。所以，要想让孩子信服你，首先得让孩子喜欢你，愿意靠近你才行！

为什么说与青春期的孩子沟通对父母而言是一项不小的挑战呢？因为12岁以上的孩子，一旦进入青春期，不仅要面对学业的重重压力，还要应对自己身体发育和心理变化的诸多挑战。人们常说青春期的孩子容易叛逆，学习成绩可能下滑，这主要是因为他们需要同时处理自身内部与外部的多重、复杂变化，常常感到应接不暇，压力巨大。

在这个阶段，父母和老师最应该做的就是保护孩子的自尊心，当众不揭短，还要适时给予鼓励，为孩子注入正能量。

幸运的是，有些孩子能遇到既有耐心又懂得青少年心理的老师，或者拥有一对理解他们的父母。而有些孩子就没那么幸运了，在10~20岁这十年会经历童年创伤。

此外，孩子与他人的沟通模式，很大程度上是在与父母日常沟通中逐渐习得的。因此，你会发现，有些孩子虽然年纪小，但很擅长抱怨、指责、推卸责任或逃避困难。

那么，什么是尊重呢？

尊重，最简单的理解就是尊敬和重视他人。其最初的含义是将他人视为地位高于自己的人，因此必须给予高度的重视和尊重。然而，在现代社会，尊重的含义更加广泛，不仅限于对地位的尊崇，更包含了对他人的平等相待。尊重是一种基本的道德原则和人际关系准则，它体现了对他人的权利、意见和感受的尊重，不侵犯或轻视他人。

在教育、公共场合以及个人交往中，尊重都是非常重要的，它有助于建立和谐的社会关系和良好的个人品德。

怎么尊重孩子？

首先，要尊重孩子作为拥有独立人格的个体。基于这一点，我们才能理解让孩子自己处理事情的重要性。六岁以前，应让孩子学会自己吃饭、穿衣以及做简单的家务。六岁之后，要让孩子为自己的行为负责，比如说错话后要自己去道歉，东西撒了要自己去整理，并且允许孩子表达自己的想法和观点，合理时予以采纳。到了

12岁以后，应鼓励孩子学会照顾他人，特别是长辈或比自己小的弟弟/妹妹。同时，父母要以身作则，成为孩子可以模仿的榜样。在与孩子的每次沟通中，都要做好倾听。具体的倾听方法，可参考第一章的内容。

其次，父母要创造机会，给孩子独立表现和成长的空间。例如，跟孩子一起商量旅游计划，给孩子一定的费用让他为全家人点餐，或者和孩子交流探讨与学习无关的话题，如"人有多少根头发？""为什么太阳每天都从东边升起西边落下？"等。

最后，送给父母们两句话，默默念两遍，会有不同的体验。

第一句是孔子说的："己所不欲，勿施于人。"

第二句是："尊重是相互的，尊重别人就是尊重自己，尊重孩子就是尊重生命。谁先表现出尊重，谁就是最值得被尊重的人。"

了解尊重的含义，并在生活的点滴中体现对孩子的尊重至关重要。无论孩子几岁，他都有自尊心。从小被保护好自尊心的孩子，长大后自尊水平才会更高，也就更不容易做出违背道德或触犯法律的事情。他也能更懂得尊重别人，并获得来自他人的良好评价。

沟通法则：

懂得尊重才能获得尊严！

第4章 增加信任，与孩子彼此敞开心扉

📖 **多多练习：**

请把你最近做的一个决定告诉孩子，这个决定可能是一件大事，比如"爸爸妈妈决定，再给你生一个弟弟或妹妹"，也可能是一件小事，比如"妈妈决定减重10斤"，并听听孩子的意见或建议。

即使有些决定看似与孩子没有直接关系，但作为家庭的一员，我们有责任将自己的决定告知每一个家庭成员。这不仅是对家人的尊重，也是对自己和家庭负责任的体现。这样做还能让孩子深切地感受到尊重与被尊重的感觉。

4.2 请停止对孩子使用"语言暴力"

当孩子对你说"妈妈,我想得第一名"时,你的回应至关重要。如果你回应:"第一名?别做梦了,你还想得第一?我对你可没那么高的指望。"这样,孩子的热情会被你的一盆冷水彻底浇灭。但如果我们换种方式回应,比如:"第一名?哇,我好期待!你能跟我说说,你为什么想得第一名吗?怎样才能得到第一名呢?我猜你已经想好怎么努力了吧!"

> 奥巴马小的时候,有一天对他妈妈说:"我想当总统。"如果你是他的妈妈,你会怎么回应他呢?他的妈妈当时回应了一个字"哦"。第二天,小奥巴马放学回到家,妈妈一开门就开心地对他说:"欢迎总统回家。"

得到父母全然信任的孩子,往往不会轻易让父母失望。因为被信任,孩子会感受到"我能行"的力量,这种力量能大幅提升孩子的自尊,点燃他们的内驱力。孩子不会轻易辜负信任他的人。

第4章 增加信任，与孩子彼此敞开心扉

> 14岁的瑞瑞，刚初中毕业，在暑假里独自陪妈妈去医院看病，从挂号、住院到办理出院手续，全程都由她一人完成。正是在父母无条件的信任下，她出色地完成了这些任务，不仅把妈妈照顾得很好，还帮忙办好了报销、退款等复杂手续。

毁掉一个孩子最简单的方式就是不断否定他，而成就一个孩子最简单的方式就是无条件地信任他。

暴力的语言，会损伤孩子的身心健康，具体包括心理、情感和生理方面。

例如，"你太令我失望了""你怎么这么笨""除了吃/玩，你还会干什么""我的脸都被你丢尽了""你就不是学习的料"等，这些语言都会给孩子带来深远的伤害。

第一，心理层面的损害

长期遭受语言暴力的孩子容易对自己产生消极的认知，觉得自己什么都做不好，从而缺乏自信，容易自我否定。这种自我否定的态度会影响孩子的自尊心和自我价值感，使孩子在成长过程中感到沮丧和无助。此外，语言暴力还可能导致孩子性格变得古怪或懦弱、冷漠，面对问题或困难时容易退缩逃避，缺乏担当和责任感。语言暴力也可能使孩子变得不合群，难以融入集体和社会环境，甚至还

会出现严重的叛逆心理，选择与父母对抗、离家出走或采取其他极端行为来表达不满和反抗。

第二，情感层面的损害

语言暴力会给孩子带来深远的情感创伤。孩子会感到被否定、被抛弃或被忽视，从而产生情感上的不安全感。此外，这也可能使孩子变得急躁、易怒或情绪不稳定，容易因为小事而发脾气或陷入沮丧，进而影响孩子的情绪管理能力。

第三，生理层面的损害

科学研究表明，语言暴力会对孩子的大脑结构产生不良影响。哈佛大学的一项研究发现，语言暴力最易影响的大脑区域包括胼胝体、海马体和前额叶，这些区域分别负责信息传递、记忆与情绪管理以及高级认知功能。长期的语言暴力会损害这些区域，从而影响孩子的注意力、记忆力和创造力等学习能力。此外，长期的语言暴力还可能导致孩子出现身体健康问题，如失眠、食欲不振以及免疫系统功能下降等。

第四，其他影响

语言暴力会削弱孩子的学习积极性和学习效果。孩子可能会因为自信心不足或情绪问题而分心，进而导致学业成绩下滑。同时，语言暴力还会影响孩子的行为模式和思维模式。长期遭受语言暴力的孩子可能会形成消极的行为模式，习惯性地自我批评和自我否定，这种思维模式甚至可能伴随他们至成年。

第4章 增加信任，与孩子彼此敞开心扉

信任的语言，给孩子带来支持与力量，具体包括心理、情感和行为方面。

例如"你的努力我都看在眼里，继续加油""无论结果如何，我都为你感到骄傲""你可以试一试，我会在你身边支持你""你做得很好，继续保持这种积极的心态""我相信你一定还有办法""你在我眼中是独一无二的，我为你感到自豪"，这些语言都能给孩子的成长带来积极的影响。

第一，心理层面的好处

（1）增强自信心：父母用信任的语言与孩子交流，能让孩子感受到支持和肯定，进而增强他们的自信心。例如，面对新事物或挑战时，父母的一句"我相信你能做到"会给予孩子尝试和面对的勇气。

（2）减少焦虑和压力：信任的语言能减轻孩子的心理负担，使孩子在面对困难和挑战时更加从容。这种安全感让孩子更专注于任务本身，而非担心失败或他人评价，有效缓解焦虑和压力。

（3）促进自我认知：当孩子从父母那里获得信任和支持时，孩子会更加认可自己的能力和价值，形成积极的自我认知。

第二，情感层面的好处

（1）增进亲子关系：信任的语言加深了亲子间的情感纽带。父母以信任的态度与孩子交流，让孩子感受到爱与关怀，从而更愿意分享自己的想法和感受。

（2）增强安全感：信任的语言让孩子感受到家庭的稳固与安全。孩子知道，无论遇到何种困难，父母都会站在他的身边给予支持。这种安全感鼓励孩子勇敢探索世界。

第三，行为层面的好处

（1）激发内在动力：信任的语言能激发孩子的内在动力，使他们更愿意为追求目标和梦想而努力。这种动力推动孩子不断成长。

（2）培养责任感和独立性：当父母以信任的态度放手让孩子尝试时，孩子会感受到自己的价值和重要性，从而更加认真对待任务和责任。同时，这种放手也促进了孩子独立解决问题和面对挑战的能力。

第四，其他好处

（1）提高社交能力：信任的语言让孩子在与人交往中更加自信，懂得如何表达自己的想法和感受，也能积极倾听他人的意见。这种良好的沟通能力使孩子在社交场合中游刃有余。

（2）促进全面发展：当孩子在各方面都感受到父母的信任和支持时，孩子会更加积极地探索兴趣和潜力，并在多个领域取得进步。这有助于孩子的全面发展。

沟通法则：

阿德勒说：任何人可以做到所有事。

孩子不会长成你希望的样子，而是会活成你口中的样子。你关注什么，就是在用注意力浇灌什么。你相信他好，他就会好。

孩子不会轻易辜负信任他的人。

多多练习：

每天睡前记录一下，今天你对孩子说了哪些暴力的语言和信任的语言。连续记录三天并进行对比，看看你对孩子说的话中，暴力语言多还是信任语言多。

第一天：

我对孩子说的暴力语言是：

_____

_____

我对孩子说的信任语言是：

_____

_____

第二天：

我对孩子说的暴力语言是：

_____

_____

我对孩子说的信任语言是：

_____

_____

第三天：

我对孩子说的暴力语言是：
_____
_____

我对孩子说的信任语言是：
_____
_____

4.3 给足孩子安全感，孩子才敢和你说

为什么孩子在犯错、受委屈或遇到困难时，往往选择跟老师说、跟同学说，却不愿跟父母说呢？甚至有些孩子自尊心过强，遇到问题宁愿自己扛，也不愿向任何人求助。这究竟是为什么呢？

孩子之所以不敢说出心里话，往往是因为安全感不足。

> 西西是一个三年级的小学生，连续几个月都告诉妈妈她不想上学。妈妈询问原因，西西只是说不想去，没有给出具体理由。尽管如此，妈妈还是坚持让她去学校。直到有一天，妈妈发现西西变得不爱说话，总是闷闷不乐，这才开始真正担心起来。然而，妈妈看到西西这样，反而更加生气。她来找我咨询时，还提到孩子爸爸对这件事漠不关心，把一切都推给她处理。一想到孩子爸爸的态度，妈妈的情绪就更加激动。
>
> 妈妈的情绪越激动，西西就越不敢跟她说实话，甚至不敢直视妈妈的眼睛。这时，西西的班主任建议西西的父母带西西去看看心理医生。

在亲子沟通中，如果孩子不愿与父母分享自己遇到了什么、经历了什么，父母是无法真正帮助到孩子的。想要让孩子敢和我们讲真话，关键在于，我们能否给孩子提供一个安全的谈话空间。

也就是说，孩子跟我们讲完真话的后果是，不被打、不被骂、不被指责埋怨，也就是他依然很安全，并且还能获得来自我们的支持与理解。你能做到吗？

你可能要问我："他都犯错了，我还不能批评他几句吗？"还真不能。因为你一旦批评了，他下次犯错就会瞒着你，小问题可以不了了之，但如果是大问题，那后果将不堪设想。

在咨询中，我引导西西妈妈："先安顿好你自己的情绪，慢慢地了解孩子在学校经历了什么。"后来，才得知西西在班上经常被同学排挤，甚至有两个同学商量好了，唆使其他同学都不许和西西玩，还把她们的铅笔屑倒进西西的书包里。你看，没有了解，就不会理解，现在，西西妈妈终于知道孩子为什么不想上学了。

> 一个19岁的女大学生，因为想买一部手机，不敢跟父母说，通过网络贷款了3 000元，后来又背着父母买高级化妆品、衣服、鞋子，一个月竟花掉了1万多元，再后来以贷养贷，不堪重负，最后付出了年轻的生命。

如果这位女大学生能在一开始就把自己的想法和需要跟她的父

母说，且父母能给她一个积极的引导，就不至于让一个刚刚步入大学的女孩，因为错误的消费观念而葬送自己宝贵的生命。

有些父母以为孩子随着年龄的增长，就可以自然学会一切，然而并不是，教育孩子是一项长达18年的大工程。我们只有在孩子小的时候，和他建立起良好的沟通模式，才能确保他在成长过程中与父母保持和谐、畅通的沟通。反之就是叛逆、误解，他的话你听不懂，你的话他听不进。

作为父母，我们在跟孩子沟通时，时常控制不住自己的情绪，或者带着情绪跟孩子说话，也许孩子并没有错，但他不得不面对我们的坏情绪。这对一个孩子来讲很不公平。

所以，请记住，当你想跟孩子发脾气时，你先问问自己："是孩子真的做错了什么，还是我此刻心情不好？"多问自己几遍，你就会知道，此刻你要不要冲孩子发火了。当孩子发现，无论他跟你说什么，你都不会轻易发火，而且还能给他积极的回应，那么他就会感觉到很安全，也就更敢于向你敞开心扉。

豆豆爸爸跟我抱怨，他儿子经常撒谎，还给我描述了孩子撒谎的全过程，很多细节连大人都想不到，一个八岁的男孩竟然做到毫无破绽。每次拿着证据问豆豆时，豆豆都能淡定作答。而令豆豆爸爸更苦恼的是，每当他严厉体罚豆豆后，

> 豆豆不但不改，反而撒谎的技术更高明了。豆豆爸爸越想越愤怒，百思不得其解，自己明明是管教孩子，怎么却变成了促进孩子撒谎的加速器。
>
> 我问豆豆爸爸："那豆豆跟你说过真话吗？他说真话时，你是什么反应？"爸爸回答："孩子说真话时，我也会生气、批评、怒骂。"

所以，不是孩子不说真话，而是孩子不敢说真话，因为他说了真话依然被惩罚。或者说，父母不愿听真话，那么孩子只能通过一次次地提高自己说谎的技术，来让父母轻易发现不了。

想让孩子说真话、说心里话给你听，前提是你要先做好听真话的准备，只有你愿意听真话了，孩子才不会对你撒谎、故意隐瞒和回避交谈。这是一种思维上的转变，同样也适用于夫妻沟通中。

> 例如，丈夫一个月有1/3的时间，晚上都有应酬，妻子在婚前就了解了这个情况，也接受了这个情况，那么，每当丈夫有应酬，妻子都自然地关心他，或者安心地忙自己的事，丈夫也就不会瞒着妻子出去应酬，那夫妻之间也就会减少很多不必要的矛盾和争吵。

这里，我总结了"四要五不要"，能让大家的亲子沟通更具安全感。其中，"四要"是指：

（1）要注意场合、注意方式。每个孩子都有自尊心，我们要注意观察孩子的表情和反应。如果发现孩子肢体上或语言上都在回避交谈，那么就要考虑换个环境，或者换一种方式跟孩子沟通。

（2）要信守承诺。有些时候，孩子会跟我们约定"这是我们的秘密哦"，那我们就千万不能告诉任何人，也包括我们的伴侣。因为一旦被孩子发现，他和妈妈/爸爸说的秘密，竟然被爸爸/妈妈知道了，孩子心中的信任体系容易崩塌。如果这件事情，很有必要让伴侣知道，我们可以找到恰当的机会，当伴侣在场时，故意引出这个话题，引导孩子自己表达，这样大家就可以一起和孩子公开讨论这个话题了。

（3）要耐心、专注地倾听。在交流过程中，当发现孩子的想法或做法不正确时，我们不要立即批评纠正，而要耐心听完孩子的表述，随后表示我们对他的观点很好奇，让他有更深度表达的机会，然后我们再借机发表自己的想法或观点。

（4）要给孩子温柔的力量。每次跟孩子沟通完，都要再加一句"你需要爸爸妈妈的时候，尽管来找我们，我们一直都在"。

"五不要"是指：

（1）不要对孩子的话断章取义。

（2）不要随便跟孩子翻旧账，更不能把孩子的话录音，作为亲子吵架的证据，这会让孩子极其没有安全感。

（3）不要讽刺、挖苦孩子。

（4）不要对孩子进行人身攻击（看你的小眼睛、单眼皮，等长大了就给你做个双眼皮）。

（5）不要总是监督和催促孩子，把注意力多放在自己身上，人和人之间若没有空间，关系就会变得紧张、窒息。

最后，请记住一个口诀：一夸二问三答。我们要先夸孩子的想法、做法很独特，然后询问孩子："你是怎么想到的呢？又怎么做到的呢？"最后说出我们的观点和想法，并解答孩子的困惑（最好是用讲故事的方式）。

以上的"四要五不要"和这个"一夸二问三答"口诀，如果你记不住，可以将其打印出来，看得多了自然也就记得住了。需要注意的是，想要让孩子感受到跟你沟通是安全的、舒服的，那么请你一定要做到嘴严、不扫兴。

沟通法则：

家是一个安全的港湾，不管是孩子还是父母，在家里都可以尽情地吐露自己的心声。

多多练习：

和孩子做一个"秘密约定"。约定的内容不限，可以是分享彼此的一件糗事，也可以是守护彼此的一个小愿望。

步骤：准备一个透明的玻璃瓶，将约定的内容写在纸条上，然后折起来，将其塞进心愿瓶里。双方约定一个时间打开。

"秘密约定"的目的是练习彼此间要遵守承诺，要给予对方安全感。

4.4 建好边界感，孩子才会愿意和你说

当孩子愿意和父母说真话、说心里话时，有些父母产生了想要进一步了解孩子、窥探孩子隐私的想法。例如，他在和谁交朋友？他用手机和谁聊天？他真的在写作业还是在偷偷看小说、玩游戏？

这些父母完全忘记了自己和孩子之间还有一条无形的边界线，一旦触碰了这条边界，孩子的反应会很明显。

咱们中国人很注重"家文化"。受文化的影响，有些父母自然地把孩子的事当成自己的事，有些父母还会把兄弟姐妹的事当成自己家的事。这些父母的边界感就不是很清晰，总是打着"为你好"的旗号，不停地触碰他人的边界，或被他人侵犯着自己的边界。

> 我的一位来访者，她是两个孩子的妈妈。每次跟我咨询时，她都要先抱怨一番她的妈妈和姐姐经常插手她和她老公的事。当她和孩子们发生分歧时，她总是会把她老公扯进来，把简单的事情搞得很复杂。她不信任大女儿，多次偷偷翻看

大女儿的手机，虽然知道自己这样做不对，但控制不住自己的行为，这导致她和大女儿的沟通变得困难重重。她还将大女儿在家的不良行为跟班主任说，希望班主任在校也批评大女儿。在咨询中，她多次希望我能站在她的角度，支持她的观点。

这位妈妈的思维认知中缺少"中立的态度"，未能保护孩子的自尊，边界感意识也不清晰。如果我们总是习惯于待在自己的思维世界里，很难感觉到异常。所以，沟通中的边界感，其实也是人际关系中的边界感。

侵犯孩子边界感的父母主要分为两类：

第一类：总是以"为你好"为借口，事事替孩子做主，比如选择学校、交友、择偶、日常穿着，甚至洗澡和刷牙的顺序都要干涉。

浩浩上小学二年级时，老师向浩浩的父母反映，浩浩上课注意力不集中，爱搞小动作。妈妈得知浩浩常与成绩较差的孩子玩耍后，非常生气，严肃地对浩浩说："你能不能多跟学习好的孩子玩？以后不许跟那些学习不好的孩子一起玩了。"浩浩看到妈妈愤怒的面容，吓得瑟瑟发抖，眼泪止不住地流。

孩子和谁交朋友，究竟该由谁决定呢？答案是孩子自己和他的朋友，而不是父母。父母可以告诉孩子选择朋友的标准，告诉孩子一些社交的规则和技巧，但不能代替他选择朋友，更不能控制他必须与谁玩或不能与谁玩。

6～12岁的孩子，他们的思想虽然还不成熟，但已经有了一定的独立思考和判断是非的能力，父母在与这个年龄段的孩子沟通时，应注重积极正向的引导，避免武断和掌控孩子的言行。

第二类：经常道德绑架孩子，比如："为了你，我什么苦都愿意吃，只要你听话我就知足了。"以这种方式迫使孩子顺从。

一个15岁的高中女孩，只要她跟同学出去逛街，她的妈妈就会酸溜溜地说："女儿长大了，不需要妈妈了，不跟妈妈好了……"后来，孩子跟妈妈说出了自己的心里话。她说："我之所以喜欢跟同学逛街，就是因为每次跟您一起逛街，您总是只买一碗面条我们俩一起吃，还说要节约粮食，省吃俭用，我每次都不敢多吃。而跟同学一起逛街，我可以自己独享一碗面条。"

现在，早已经不是物资匮乏的年代。其实这位妈妈并不是想要节约粮食，而是心理上不愿承认自己的女儿长大，也不愿接受她是一个独立的个体，依然在用小时候的模式和女儿相处。

那么，如何才能把握好亲子沟通的边界感呢？请跟着我一起思考以下几个问题：

（1）此刻，我和孩子对于"发生了什么"的信息是否对称？

（2）我们各自是从什么角度看待这件事的？

（3）我所想的就一定正确吗？

（4）我现在是应该坚持自己的观点，还是更多地去关注孩子的感受？

当你经常有意识地让自己进行上述思考时，你会逐渐接受一个事实：允许孩子做他自己，也允许你做你自己。慢慢地，你学会了换位思考，与孩子保持一个让彼此都感到舒适的距离。这样，在孩子需要你时，你可以靠近他；当孩子想要独立时，你可以后退一步，给他空间，默默地、远远地看着他。

这种既能靠近又能保持距离的状态，就是你真正与孩子建立起"边界感"的时刻。这样的相处会让你们双方都感到轻松，关系也会变得更加亲密、更加健康。

💬 沟通法则：

沟通里的边界感，也是关系里的边界感。帮孩子建立好边界，是父母保护孩子的一种方式。

📖 多多练习：

请你写出哪些事归孩子负责，哪些事归你负责，哪些事需要你们共同负责。责任越清晰，边界越明晰，你和孩子的相处也会变得越轻松，家庭氛围也会变得越来越好！氛围好了，你说的话孩子才能听进去。

4.5 营造好氛围感，孩子更乐意听你说

当我们和孩子都能各自守好边界，不相互侵犯，以尊重和爱为基础，给予对方积极的回应时，亲子沟通会变得轻松许多。

那么，如何让孩子愿意倾听你呢？关键在于营造良好的沟通氛围。想要营造良好的亲子沟通氛围，我们需要做到以下几点：

1. 放松的环境

想要让孩子在谈话中感到放松，我们可以通过调整家里的环境来改善。例如，整洁的环境能使人心情愉悦；物品的颜色、摆放以及椅子的位置也会影响谈话人的感受。将椅子从背对背调整为面对面，能迅速拉近与孩子的心理距离，被精心设计过的环境也有助于孩子集中注意力与你交流。此外，光线、气味、声音等元素的恰当运用，都能让孩子在这个空间里感到放松。

2. 聚焦的话题

沟通时，要避免信息过载。无论孩子多大，都更容易接受单一信息而非多重信息。因此，在每次的沟通中，话题不宜超过三个，要保持聚焦。这样有助于双方就某个话题进行深入交流和探讨，实现深度沟通。

3. 平等的态度

在亲子沟通中，实现平等是难能可贵的。有些父母会认为自己经验丰富，孩子必须要听，难以放下身段向孩子学习。要做到平等沟通，父母需要保持"空杯心态"，以"人人可为师，孩子是上师"的心态，邀请孩子分享他的想法。

> 一位妈妈通过每天真诚地向孩子表达求知欲，请孩子将当天学到的知识回家后像小老师一样教给她。妈妈不仅认真听讲，还做笔记和练习。这种互动方式逐渐成为他们母子之间的交流习惯，最终孩子考入北大，这段经历也成为他们美好的回忆。

4. 愉悦的情绪

父母要意识到自己的言辞对孩子的影响，要给孩子带来愉悦的感受。当出现评判、指责、抱怨的语言时，要及时察觉并停止，避免传递负能量或夸大问题。比如，给孩子讲个笑话，制造小惊喜，或组织家庭成员开"夸夸大会"等。

5. 当下的关注

你一定听过一句话"不念过往，不惧将来"。跟孩子聊过去的事情，孩子没经历过，没有体验感，当然就无法对你的话感兴趣；

跟孩子聊未来,他会觉得太遥远。所以,我们要多与孩子聊现阶段、短期内的计划、目标和具体行动。

如何让这种氛围感成为常态并持续下去呢?你可以运用这个思维模型:设计师思维。

设计师是具备超强创新能力的人群,他们以人为本解决复杂问题,重视仪式感,能够理解问题背景,具有洞察力及敏锐的感受力。

我们应当向设计师学习,既要顾全整体,又要洞察细节,同时发挥创造力来营造仪式感。

在亲子沟通中,启动你的"设计师思维",将每一场与孩子的重要沟通都视为一次艺术展,精心设计,让仪式感融入每一个细节。

请记住这句话:用心不用力。

极致用心,但不可用力过猛。用心能让孩子靠近你,而用力过猛则可能将孩子推开。只用心不用力,从生活中的点滴小事做起,就地取材实践,这样慢慢就能形成习惯。反之,太过用力会消耗大量时间、精力和金钱,导致你和孩子都不适应、不自在、不轻松,反而感到尴尬,更难以融入日常生活并成为习惯。

总之,想要营造良好的沟通氛围,你需要用心观察自己的孩子,了解他们的喜好、优势、短板、习惯、能力以及感受和想法。

沟通法则：

认真对待和孩子的每一次沟通，心中想着仪式感，现实就能营造出氛围感。

多多练习：

你可以从家里随便找出几种水果，利用镜头的"借位"方法，给孩子拍9张照片。然后再把这些水果洗一洗、切一切，最好是能切出9个相同大小的立方体，最后找一个白色的盘子，在盘子中间摆出一个彩色的立方体，邀请孩子一起品尝。

整个过程，你就是在用心地制造仪式感，你也将被欢乐幸福的氛围紧紧包围。

第 5 章

引导，帮孩子打造"成长型思维"

>"有着成长型思维模式的人,不会给自己贴上标签,或对自己失去信心。"
>
>——《终身成长》作者卡罗尔·德韦克

如何让孩子愿意多说话?父母应该如何提问,才能让孩子既理解又不感到厌烦?其实,孩子就像一本有趣的推理小说,只要父母愿意运用智慧去理解他,他就会变得更加有趣。

为了促进孩子的语言表达,父母应鼓励孩子把话说完整,多跟孩子提开放式问题而非封闭式问题,激励和引导孩子去探索与尝试,让孩子看到一个问题可以有多种解决方法。

与孩子的沟通并非一朝一夕之事,而是一个长期的互动过程。即使面对孩子的挑战性行为或情绪失控,父母也应保持冷静和理智,用爱和耐心来指导他。

5.1 巧用"yes，and（是的，而且）"引导孩子多说点

说不出的做不到，说不清的做不好。

孩子刚学会说话时，他们很喜欢跟父母说话，还会邀请父母看着他、陪着他、回应他，要跟他有互动，甚至每次大人模仿他说的话，他都会哈哈大笑。可为什么孩子慢慢长大后，却跟父母的话越来越少了呢？

> 天天在上幼儿园时，是个名副其实的小"话匣子"，每天早上睁开眼睛就有说不完的话，见到熟人说，见到陌生人也说，吃饭时说，睡觉前还在不停地说。有几次在饭桌上，妈妈实在受不了了，直接上手捂住她的嘴。
>
> 一年后，天天上了小学，她不再像小时候那么爱说了，这下妈妈反倒着急了，她觉得孩子的性格怎么变化这么大，难道是孩子心里有什么压力？
>
> 于是，妈妈展开了各种"盘问"，由于目的性太强，天天十分抗拒。孩子先是用简短的几个字词回应了事，"吃了""挺好的""知道了"，后来妈妈再问，天天就直接抗拒

沟通了。妈妈听不到自己想要的信息，除了担心还有沮丧！

就这样过了半学期，天天妈妈找到我，问："多多老师，我的女儿上小学一年级。她上小学之前是个小话痨，我烦得直捂她的嘴。可现在，她放学回家什么都不愿意跟我说，我越问她越躲。我很担心她是不是在学校过得不开心，问多了，她还急，饭没吃完就扔下碗筷跑回自己房间了。我真不知道该怎么办了！"

我说："天天妈妈，咱们先来看看是什么原因导致天天现在不愿意和你聊她的事情了。找到问题背后的原因，就能找到更好的方法帮助你和天天。"

其实，孩子到了一个新的环境后，她的身体和心理都需要一个适应的过程。而这个时候孩子需要的是父母能和她站在一起，陪伴她，教会她适应新环境的方法，而不是打着"关心"的旗号逼问孩子在新环境、新集体中发生了什么，那会使原本就不轻松的她更加焦虑、烦躁和抗拒。我们来分析一下：

（1）孩子过往的沟通习惯可能阻碍了人际关系的发展。

爱说、能说的孩子，并不代表沟通能力就一定强。沟通能力分为两部分：听和说。听，就是指倾听，要求能专注且听懂别人的需求、想法、规则和指令；说就是指表达，要求能表达清楚自己的观点、需求和想法。如果天天很爱说，却不爱听，那就很容易造成"别人说话时她不听，她说话时没人听"的结果，这样会直接影响她和同学之间的关系，这会变成在其他同学一起玩的时候，她很难参与其中。那么，她的适应能力和社交能力会因此受到影响。

（2）物极必反，天天妈妈曾强烈阻止过孩子讲话，孩子认同并接受了妈妈的做法。

天天的表达欲曾经很强烈，但被妈妈严厉限制过，经常说她是"小话痨"，这也很可能让天天以为爱说话是不好的行为，是不被妈妈喜欢的，索性就自动"闭麦"。

（3）家长的目的性太强，让孩子感到压力和畏惧。

一旦孩子在学校适应得不好、老师讲的内容跟不上、与同学的关系不好，回到家里，妈妈每天问的又都是这几个方面的问题，孩子当然不愿说，因为越说越觉得自己很差劲。记住，谁都不愿意重复自己糟糕的体验，那是很痛苦的感受，这也是询问者很残酷的行为。

这个时候，如果家长使用"yes，and"对话法，那结果就会变得不一样，不仅可以让你跟孩子将聊天很好地进行下去，还能引导她说出更多的话。

什么是"yes，and"对话法呢？这里我要引入"即兴表演"这个词来帮助你理解和掌握。

在"即兴戏剧"表演中，往往是没有剧本的，演员在舞台上与另一位演员以及现场观众即兴配合，创造命题，进行即兴表演。也就是说，演员只要走上舞台，就会将表演进行到底。他们是怎么做到当另一个演员或观众抛出一个话题时，自己能稳稳接住，并将这个话题你来我往地进行下去的呢？

其实，他们遵循的表演方法就叫"yes，and"，即在整个表演中不能说"不"，要做到接纳、聆听与信任。让我们来还原天天这个案例。

假设天天妈妈学会了这种"yes，and"对话法，那么，她跟天天的对话有可能是这样的：

妈妈：宝贝啊，今天学校发生了什么事啊，跟妈妈说说？

天天：没什么啊，我饿了。

妈妈：被你这么一说，我也有点饿了呢，突然想吃鸡翅了。

天天：鸡翅？还是姥姥做得最好吃！妈妈，我中午在学校吃了鸡腿。

妈妈：哇，真的吗？你们学校食堂伙食真不错呀，我都想回学校当学生了。

天天：我可不想当学生，我想快点长大。

妈妈：那正好，咱俩换，你当妈妈，我当学生。

天天：好呀，好呀！我现在变成妈妈了……（孩子进入了角色，展开了表达）

在使用"yes，and"对话法时，父母们一定要切记不能否定或纠正孩子，要保持对他说的话给予肯定，给他的每一句话都按下"确认键"，给予积极的回应。当然，你可以在必要的时刻说出"yes，but"。

我建议父母们多用"我很好奇""你教教我""有道理"等积极的词语，以期待、专注和信任的态度与孩子对话，回应他们，进而引导他们有更多、更真实、更自然的表达。

现在你学会"yes，and"对话法了吗？记得要多多练习哦，多练多用，才会熟能生巧。

沟通法则：

沟通，就像上演一出"即兴戏剧"。它是即时发生的，没有彩排，是需要互动协作的，更是自由发挥的。

先懂孩子，再教孩子：7堂亲子沟通课

📖 **多多练习：**

　　随即冲孩子喊出"喵，喵喵喵，小白兔，你想吃胡萝卜吗？我是小花猫呀"，看看孩子的反应，他会说出什么话来回应你呢？快去试试就知道了。

5.2 正确使用"5W1H 法则",你问他/她不烦

当你能够跟孩子把天聊下去了以后,我猜,你并不满足于孩子主动说给你听的,你其实还很好奇他在想什么。你不在他身边时,他都经历了什么。那么,这时问对问题就很关键了,你得学会有效提问,孩子才能知无不言、言无不尽,才会把他的感受和经历与你分享。

豆豆最近上课总是走神,眼睛虽然盯着老师和黑板看,可一被老师提问就什么也答不上来。豆豆妈妈接到老师第三次提醒了,老师说:"孩子都已经四年级了,再这样下去可不行,成绩下滑会很严重,后面也很难追,您好好跟孩子谈谈吧。"豆豆妈妈既生气又无力,十分焦虑。

这天晚饭后,妈妈把豆豆叫到客厅,郑重其事地跟孩子谈话。

妈妈:儿子,你上课为什么总是溜号?你到底在想什么?为什么不能专心点听课呢?

豆豆:我很专心啊,我没有溜号,我都在认真听课。

> 妈妈：那为什么老师提问，你都答不上来呢？
>
> 豆豆：我不会，我不知道。
>
> 妈妈很无语，豆豆也很沮丧。谈话结果就是"无果"。之后的几天，每当妈妈跟豆豆提起上课、学习的事，豆豆就很不耐烦。

前面我们提到，问对问题，孩子才能知无不言、言无不尽。有没有什么方法呢？这里推荐"5W1H"法则，也叫"六何法"。"5W1H"是由 What、Why、Who、When、Where、How 这六个词组合而成，是一种通过六个问题进行思考、决策、行动的思维方式。它可以帮助我们的思考更严谨、全面，也能让我们在提问中获得更多启发。

这六个词代表着不同的概念：

第一个 W，What（是何），可以是现象、问题、物件、事件等，表示事物；

第二个 W，Why（为何），可以是直接原因，间接原因，产生的背景，触发的条件、目的等，表示因果逻辑。（这个提问，并不一定非要问为什么，有时甚至可以尝试用陈述句）

第三个 W，Who（何人），可以是你、我、他或一个家庭、一个集体等，表示人；

第四个 W，When（何时），可以是开始、结束、过程、频次等，表示时间；

第五个 W，Where（何处），可以代表位置、地点、深度、水平、级别等，表示空间；

How（如何），可以是方法、行动、途径、进度、程度、运作、交换方式等在时间和空间上基于某种原因可发生的改变，表示动作。

怎么能把它用到我们跟孩子日常沟通的提问中呢？针对上面豆豆的案例，我们可以试试这样提问：

> What（是何）：宝贝，今天在学校发生什么特别的事了吗？
>
> Why（为何）：你帮妈妈想想，一个人在做一件事的时候，可能会因为什么而分心呢？
>
> Who（何人）：如果你在听课时，不小心走了神，这时谁能帮助你呢？分神或专注，这个事由谁做主呢？
>
> When（何时）：你会在哪些时候容易走神啊？是下午吗？
>
> Where（何处）：你会在什么课上容易走神，到室外上体育课时会吗？
>
> How（如何）：我们一起想想办法，如果下次上课再走神了可以怎么办？

这六个问题并不是具体的问题，也不是固定的六个问题，而是提问的方向，每个方向可继续延伸出多个问题，是为了帮助你能把问题尽可能地问准、问全。目的不在于你问了什么，而在于通过这六个方向的提问，你听到了什么，并从中挖掘到一些有效信息，得到更多启发。

这里需要特别提醒：在提问的时候，千万不要一直问为什么，这会给对方一种被质问的感觉，对方不知道如何回答你的"为什么"，或者说一些根本不是他本意的"假话"以及"恶语"给你听，甚至会为了逃避你的追问转身离去，这样对话便难以再继续下去。

> 妈妈："宝贝，你为什么上课又走神了？为什么不能专心听老师讲课呢？为什么总要老师提醒你啊？你为什么一遇到问题就哭个没完啊？"

你读完这句话后，是怎样的感受呢？有没有被这一连串的"为什么"带来一种压迫感。

除了用好"5W1H法则"外，父母还需要注意，多问开放式问题，少问封闭式问题。封闭式问题在确认信息或引导孩子做出明确选择时较为适用，其他时候避免过多使用，以免使孩子感到被限制或被审问。

第 5 章 引导,帮孩子打造"成长型思维"

沟通法则:

会提问也是一种能力,问出好问题,才会得到精彩的答案。

多多练习:

如果你最近正好有想和孩子交流的话题,或者发现孩子遇到了难题,请借助"5W1H 法",来试着提问,并将其填到下面的表格中。

提问	句子
What(是何):	
Why(为何):	
Who(何人):	
When(何时):	
Where(何地):	
How(如何):	

5.3 利用"三层追问"让孩子的思考和表达更有深度

现在,你已经知道该怎么向孩子提问了,也能够把你们之间的话题聊下去了。那么,你是否能够引导孩子,帮助他进行更深刻的思考,更有见地地表达自己的观点呢?

我们知道,性格决定命运,那什么决定性格呢?习惯决定性格,什么决定习惯呢?行为决定习惯,什么决定行为呢?思想决定行为。所以,思想对孩子的影响是深远的。

有思想的孩子会怎样呢?他们通常会在多个方面展现出独特的魅力和潜力。

(1)他们会习惯性地独立思考问题,不轻易盲从他人的观点或答案,喜欢自己探索、分析和推理,从而形成独特的见解和判断。

(2)他们对周围的世界充满好奇,好奇心驱使他们不断学习新知识,拓宽视野。

(3)他们懂得从多个角度看待问题,会使用批判性思维对信息进行评估、分析和批判。

(4)他们具有丰富的想象力和创造力,不拘泥于传统和常规,勇于尝试新事物。

（5）他们的学习能力较强，能够更快地吸收新知识，并将其应用于实际问题中。

（6）他们能够清晰地表达自己的观点和想法，同时也能够倾听他人的意见并与之交流。

（7）他们对自己的能力和观点有信心，但同时也能够认识到自己的不足和需要改进的地方。

（8）他们具有强烈的社会责任感和使命感，会思考如何通过自己的努力为社会作出贡献。

艺术家陈丹青说：教育，应该把孩子培养成为有独立思想的人。

我认为，每个孩子天生就具有独立的思想和独特的观点。所以，每一个孩子都是充满智慧的哲学家。那么，怎么培养有独立思想的孩子呢？

其实，只要你设计好三层"追问"，并把这样的"追问"融入你跟孩子的日常沟通中，变成你们之间的沟通模式，慢慢你就会发现，原来你眼中的"小屁孩"，竟然如此有思想、有见地，讲起话来有理有据，有趣有料，令人刮目相看。

三层追问，指的是分别围绕三个思维模型（发散思维、辩证思维和结果思维）层层递进展开的亲子沟通。

第一层追问是发散的，不需要标准答案，是以激发孩子想象与创造为目的的谈话交流。（让孩子打开思路，畅所欲言）

比如，我跟"好父母共读社"里的孩子们讨论"读书对我们有什么用"时，11岁的熙熙说："书中有很多知识，读书会让我变得很博学，还可以提升我的人格魅力。"

我追问道："那我们自己博学就好了呀，为什么还要把好书推荐和分享给别人读呢？"（第一层追问）

这时，7岁的萌萌说道："因为通过读书，我们懂的知识就多了，变得越来越好，所以我想把书分享出去，让别人也能变得更好。"

你看，多了这么一层追问，就激发了孩子们的发散思维，其实他们怎么回答都可以，因为这样的问题本来就没有标准答案。在生活中，父母们便可以从孩子的回答中，了解孩子对这个话题的理解程度、对此类事件的价值判断，以及孩子自己的真实看法和观点等。

注意：在第一层追问中，你要观察孩子的状态。如果你发现孩子此刻表达欲强烈，那么，你还可以继续追问几个发散性问题。

我又继续问孩子们：假设你们现在是小作者，你们想象一下自己会写一本怎样的书呢？

第 5 章 引导，帮孩子打造"成长型思维"

孩子们一听，都兴奋极了，萌萌说："我要写一本宫廷类的书，想了解宫廷方面知识的人就可以看我的这本书。"

月牙说："我要写一本关于跑车的书，里面都是各种限量款跑车，我要卖 499 元 / 本，卖给跑车爱好者。"

牧遥说："我要写一本书叫《姐与妹》，写我和妹妹的故事。"

熙熙说："我要写一套科幻类的丛书，分成 10 册售卖，大人们钱比较多，可以直接把一整套 10 册买回家，小朋友如果钱比较少，就可以一册一册地买……"

听着孩子们天马行空，有模有样地描述，我仿佛看到了未来一个个优秀的创作者，他们说的、想的是早就准备好的吗？不是，但也是。

因为我们聊的话题没有彩排，每一个问题都是即兴交流，现场发挥，正因如此，孩子们的创造力得到了极大的展现，但这也是孩子们过往经验的集中展现，他们的思想里沉淀着过去看过的书、见过的人和经历过的事。

第二层追问：让孩子们去使用辩证思维。（以变化、发展的眼光看待问题、思考问题）

于是，我又问：孩子们，你们的书想要卖给谁呢？谁又会愿意买你们的书呢？（第二层提问）

现在，我们现场来测试一下，谁愿意买萌萌的介绍宫廷类知识的书，请举手，并说说为什么？谁愿意买月牙的介绍限量款跑车的书？

孩子们纷纷表达了自己想买或不想买的理由。

有的孩子说："我现在不想买萌萌的书，但是，等我长大了再买。"有的孩子说："我喜欢车，可是我不喜欢跑车，我不会买一本只有跑车的书。"还有的孩子说："我可以买来萌萌的书，送给我妈妈，我妈妈一定会喜欢。"

在讨论这个问题时，孩子们能够以变化、发展的眼光看待问题时，他们的辩证思维也在悄然增长。

我回应孩子们："是的，也许你现在不感兴趣的事，说不定十年后、一年后或者明天，你突然就对这件事感兴趣了呢。把适合的书送给适合的人，这也是我们购买物品的正确理由啊！孩子们，你们说得都很好，多多老师跟你们学习到了很多。"

第 5 章 引导，帮孩子打造"成长型思维"

你会发现一个孩子，即便他才上幼儿园/小学，他依然有自己独立的思考和判断，并有理有据地表达自己的想法或决定。

<u>第三层追问：让孩子们去使用结果思维，以结果为导向去思考、制订策略和行动计划。（怎么做才能实现目标）</u>

> 我又问："孩子们，假设你们的书就要印刷了，怎么让别人愿意购买你们的书呢？"
>
> 萌萌说："我要给我的书设计好看的封面，让别人一看见封面就喜欢。"
>
> 熙熙说："我的书是系列丛书，选择性大，可以单册购买。"
>
> 月牙说："我要把我的书放到跑车俱乐部，让那些跑车爱好者们一眼就能看到。"

看到这里，你有什么感受呢？有没有觉得，孩子的表达真是太精彩了。所以，想要让孩子有深度地思考与表达，父母要勇敢、智慧地追问。

沟通法则：

当孩子被追问的时候，才是他真正开始思考的时候。

多多练习：

请用"做家务"这个话题，和孩子展开一次对话交流，并使用"三层追问"，听听孩子对做家务这件事的想法、看法和规划。通过沟通，让孩子意识到，家务其实是每个家庭成员应尽的义务和责任，与孩子一起商量出你们家的家务如何分配，让全家人都能自然而然地完成它。

5.4 没有行动，所有的引导都只是空谈

你有没有发现，在与孩子的沟通中，我们表面是在引导孩子"说"，但实际上是在引导孩子"做"。在说的过程中，我们就已经跟孩子讨论出接下来要怎么行动了。因为没有行动，所有的引导都只是空谈。

> 丫丫马上要上小学了，可是妈妈发现她不太会交朋友，总是黏着她特别喜欢的一个姐姐玩耍。那个姐姐比她大两岁，如果姐姐没在楼下，丫丫就不出去玩。一旦去了姐姐家做客，丫丫就不愿意回家，甚至还很喜欢姐姐的妈妈，这让丫丫的妈妈有点醋意大发。
>
> 丫丫妈妈来找我，我跟丫丫妈妈说："首先，我们要知道孩子为什么要交朋友，要交怎样的朋友，要怎样做才能交到好朋友。"一顿连环问下来，丫丫妈妈慢慢理清了一点思路，但仍然有些模糊。

社交能力是一个孩子进入小学乃至社会的软实力。会交朋友的孩子更容易融入新集体，被他人接受，这会给孩子带来一种安全

感，也可以称为归属感。能体验到归属感的孩子，抗压能力则会更强。

有的父母会认为"近朱者赤，近墨者黑，孩子跟谁交朋友是一件特别重要的事"。父母当然都希望自己的孩子跟"好"孩子做朋友，远离"坏"孩子，可却忽视了孩子有选择朋友的权利。

> 一位经济学教授曾说，他有一个朋友很爱喝酒，而且酒量过人，但是他这位朋友喝酒的时候从来不找他，每当谈论学术问题的时候却会第一时间找他聊聊。
>
> 有一位女作者，在她女儿上高中时发现，女儿的一个好朋友经常去夜店酒吧，于是她就有点担心"女儿会不会跟着学坏"。有一天她女儿告诉她："妈妈，我知道我的朋友不喜欢学习，经常去酒吧，但是她从来不让我去。"后来这个作者的女儿出国留学了，每年假期回国还是会找她这位好朋友相聚。

看到这里，你是不是也会放松一点了呢？这里，我们重点来说说如何帮助孩子成为一个"受欢迎"的人。我们还以一开始丫丫的案例来做拆解。丫丫妈妈在我的帮助下，对孩子做了以下引导性提问。

第 5 章 引导，帮孩子打造"成长型思维"

妈妈问："宝贝，你可以告诉妈妈，你为什么那么喜欢邻居家的姐姐吗？你一定是发现姐姐身上有很多优点吧？"

丫丫说："姐姐对我很温柔，她经常把她的玩具给我玩，从来不跟我生气。乐乐把我的自行车推倒了，我哭了，是姐姐来给我擦眼泪的。妈妈，我喜欢姐姐。"（听到这里，丫丫妈妈恍然大悟，原来是女儿在这个邻居姐姐身上感受到了被照顾的温暖。）

妈妈问："那你为什么还那么喜欢邻居阿姨啊？"

丫丫说："阿姨总是对我笑，而且很会做饭，她做的鸡翅太好吃了。"（丫丫妈妈愣了一下，好像想起了什么，她想到自己平时都不怎么笑，对女儿也是大吼大叫的，十分没有耐心。）

妈妈问："你喜欢什么样的朋友啊？"

丫丫说："我喜欢不打人的、不哭的、好好说话的、温柔的、讲卫生的、有礼貌的……"（丫丫妈妈注意到，丫丫说的这些就是她选择朋友的标准，同时也是她要努力做到的地方。那么接下来，就需要帮助孩子成为这样的小朋友，孩子也会吸引到这样的小伙伴来到她身边与她做朋友。）

妈妈紧接着说:"丫丫,以后你再生气着急的时候,能不能跟妈妈好好说啊?不用哭也不用喊,跟妈妈慢慢地说清楚你想要什么,可以吗?"

丫丫爽快地点点头。

妈妈问:"讲卫生的小朋友吃东西前要干吗?"

丫丫说:"要洗手。"

妈妈问:"有礼貌的小朋友,见到老师和同学,还有妈妈的同事,要怎么做呢?"

丫丫说:"要大声问好。"

就这样,妈妈的引导变成了孩子的行动。

沟通法则:

想要引导孩子行动起来,最不可缺少的就是频繁地给予孩子正反馈。

多多练习:

和孩子玩一个"5秒起飞"的游戏,找一件你和孩子都想做但迟迟没有做的事,现在、立刻、马上找孩子沟通,然后一起倒数五个数:5、4、3、2、1,行动。

5.5 启发孩子看见"第三条路"

> 可乐和布丁是姐弟俩,姐姐可乐七岁,弟弟布丁三岁半。周末的早上,他俩看到餐桌上放着一个苹果,都想吃,而且都想占为己有。
>
> 家里现在只有这一个苹果,姐弟俩丝毫不让步,怎么办呢?
>
> 第一种选择是把苹果给姐姐吃,哄劝弟弟"你还小,还有更多机会吃到更美味的苹果",显然弟弟不仅不会同意,还会号啕大哭;第二种选择是引导姐姐主动把苹果让给弟弟吃,毕竟弟弟小,不满足他,肯定会哭个没完。

想一想,我们还能不能有第三种选择呢?

当然是可以的。我们可以引导孩子们用这个苹果制作成好多个苹果派,或者做成苹果奶昔,这样苹果就有了多种吃法,也变得更美味,还能分享给大家。或者拿着这一颗苹果去换成两本书,再把书卖掉,去买更多苹果。

以上这种思路,就是启发孩子不被眼前的问题困扰,去看见

"第三条路"。

史蒂芬·柯维写过一本风靡全球的书叫《第3选择》,他是这样定义第三选择的:第一选择是我战胜你;第二选择是你战胜我;第三选择是咱们两个一起找到解决方案,而且这个解决方案对你我都有好处。

总之,第三选择不是妥协,不是顾此失彼,非黑即白,其核心是创造力,基于双方的意愿一块创造出新的方案。在谈判中,人们会把寻找"第三条路"也称为"替代方案"。

回到一开始的那个案例,当孩子们争抢一个苹果时,他们并没有想到自己还可以有第三条路可走,如果父母能给予孩子们及时的引导,那么孩子们将学会创造性地思考和解决问题的能力。

注意:父母不能一味地追寻公平或只在乎输赢。如果看不到共赢,将永远找不到第三选择。想要拥有第三选择,就一定要引导孩子们达成协同合作。没办法达成第三选择,通常是因为我们深感自己没办法,这事我不赢就会很丢人,很在意别人的看法,也就导致自己陷入僵局。

父母需要启动一下理性大脑,问问自己:"是我在做选择?还是我情绪本能的反应?"要知道,常感到身不由己的人是看不到自己的,因为他眼里只有事,而没有人;着急解决事而忽视了人的重要性,就会被紧张、恐惧、愤怒的情绪限制住,难以做出第三选择。

请记住一句话,说给孩子听,也说给你自己听:你永远都有选择的权利。在亲子沟通中，使用"第三选择"也是化解亲子矛盾的良方。

案例一：十一假期，西西妈妈计划带着老公和两个孩子一起回娘家陪陪老人，也能过个惬意的小长假。可就在全家人收拾行李时，女儿西西说，她不回去，她要跟同学出去玩耍，妈妈的火腾地一下就上来了，对西西说："你一个人留下来我怎么能放心，你们都还是个孩子，没有大人在你们身边，是有危险的。如果你一定要和同学出去玩，那我就叫你奶奶陪着你们，或者你就跟我们一起回姥姥家。你自己选吧。"

西西一听，情绪立刻绷不住了，喊着叫着，最后还是无奈地坐上了爸爸的车，垂头丧气地跟着家人一起回姥姥家了。路上，母女俩在车里还大吵了一架。

案例二：梓钰和西西一样大，今年也13岁了，她经常一个人在房间里看手机、玩游戏或者用社交软件聊天。一次妈妈翻看她的手机，发现她在跟陌生的成年男子聊天，妈妈内心的恐惧全部用愤怒展现了出来。

> 妈妈先是找女儿谈，要女儿删掉手机通讯录里那些陌生人的联系方式，然后控制她使用手机的时长。一个夏天的周末，湖南的天气热得人汗流浃背，梓钰在房间里玩手机，开着空调，关着门。妈妈很生气，直接推开门，把房间的空调关掉，就这样，母女俩吵了起来。

看完这两个案例，不知道你有没有发现，当父母执着于"我要战胜孩子"的时候，就将孩子一把推到了自己的对立面。如果这是在谈判桌上，一心想赢的父母，最后都会输得很惨。因为你的对手是一个正处于青春期的孩子，他们生命力旺盛、活力四射、精力无限，他们的好胜心更强，就算口服但心里不服，依然会跟你对着干。到了最后，只能是两败俱伤。

智慧的父母，会启动"替代方案"，也就是寻找"第三选择"，在把握住底线的情况下，与孩子一同商量出双方都可以接受的解决方案，而不是执着于孩子必须遵从父母的决定，那样就把有选择的局面胁迫到无选择的境地，孩子和父母都将苦不堪言。

如果说底线是坚不可摧的，像山一样牢固，那么"第三选择"就是灵活变通的，像水一样可以流淌。在这里，父母们需要设置底线，同时还要确定所设的底线要真的合理。

第 5 章 引导，帮孩子打造"成长型思维"

比如，让 8 岁的孩子专注地写作业 1 个小时，就不合理。

13 岁的西西想跟同学一起出去玩，父母是否可以跟孩子沟通一下，找个游学营呢？有老师带队，没有家长陪同，孩子们既可以一起出游自由地玩耍，安全风险也会小一些。

13 岁的梓钰迷恋手机疏远父母时，父母有没有想过，或许不是手机的问题，而是使用手机的方式出了问题。父母可不可以找孩子聊聊手机怎么使用，更能有利于我们的学习与生活呢？不是用或不用，而是一起讨论一下怎么用。

沟通法则：

告诉孩子：你永远都有选择的权利。

多多练习：

回忆一下，最近一个月，你和孩子或孩子和他人有过哪些二元对立的局面吗？请试着引导并启发孩子利用"第三选择"为双方找到解决事情的方法吧！

相信孩子，他们的创造力非凡，也相信你自己，因为这个世界上，没有任何人比你更希望你的孩子好。

笔记栏

第 6 章

实现沟通目标,用你的话滋养孩子长大

"当人的基本需要得到满足之后，就会产生被尊重的需要，被爱的需要。"

——马斯洛

还记得我们最开始讲的"沟通三角形"吗？三个角是：倾听、接纳和引导，三条边是：洞察孩子的需求、增加彼此的信任和实现沟通的目标，最终都是为了建立和谐、健康的亲子关系。

在和谐、健康的亲子关系中，父母需要始终带着目标前行，用你的话给孩子赋能，助力孩子活出丰盛的人生，活出"高版本"的自己。想要实现这样的目标，父母们需要怎么做呢？

（1）避免或减少关系的对立，从开启一次沟通到结束这次沟通，始终保持和孩子站在一起，在言语中少说"你"，多说"我"和"我们"，避免与孩子形成对立面。

（2）陪孩子找到"价值感"，帮孩子提升"配得感"，让他对自己以及对自己做的事充满"不成功便成仁"的信念感，可以笑纳成功，亦可正确面对失败。用父母智慧且有力量的语言，帮孩子修炼一颗强大的内心。

（3）团结一切可团结的资源，为孩子打造一个"成长加油站"。每当孩子需要加油、充电的时候，就可以到这个"加油站"为自己加满油，整装待发！

能够成就孩子的父母，都很擅长给孩子讲故事，陪孩子编故事，激活孩子的五感，让孩子全方位地体验和感受这个多彩生动的世界。正如，丰盛的人生体验需要在丰盈的阅历中积累。

6.1 少说"你",多说"我"和"我们"

从"我"到"我们",这是父母和孩子找到一致性沟通的过程。在这个过程中,父母们既能发现错误的沟通方式给孩子带来的限制,也能发现正确的沟通方式所带来的成长与拓展。

> 沐沐,今年8岁,是个善良温暖的小男孩。他说话慢条斯理,学习和游戏中也经常比同龄人慢半拍。妈妈对孩子的态度是,只要孩子健康快乐就好,不想对孩子要求太多,但爸爸不这么想。每当爸爸发现沐沐在某一方面不如同龄小朋友时,就会用严厉的语气指责:"你就不能快点吗?别人都能做到,你怎么就做不到啊?"

若想达成沟通的一致性,实现沟通的目标,父母需要从练习少说"你"开始。

<u>少说"你"</u>,能高效减少指责孩子的语言;<u>多说"我"</u>,能帮助父母把职责拎清楚。父母需要把自己真实的感受告诉孩子,这能让孩子愿意把父母的话听完,而不是局限在他的思维和事件里;<u>最好还要多说"我们"</u>,因为这非常有利于亲子关系的修复与重建、

团结与合作。

比起这样表达"你不要怎样……你应该怎样……你如果怎样就会怎样……",不如换成"我看到……我听到……我们一起……"这样表达。那么,沐沐爸爸按照这个方法就可以这样和孩子说话:

> 爸爸:"沐沐,在足球课上,爸爸看到你跑步时跑在了最后,爸爸当时心里有点着急;我看教练今天提醒了你两次,周末放假,我们一起踢球怎么样?咱俩一起切磋一下球技?"

在教育孩子的路上,很多父母都希望快点看到开花结果,很着急,急到恨不得亲自上场,替孩子冲到终点。

开始快不是真的快,学会保存实力,均匀发力才会稳稳地到达终点。在育儿的这条路上,不就像跑马拉松一样吗?慢一点,保持住,持续发力。

这也像我们刷牙时,打开水龙头接水,水压过大,水流过猛,杯子不容易接满,反而把水龙头关小一点,让水流变慢,水杯很快就被接满了。所以说,慢慢来就是比较快。

想要实现沟通目标,父母们还需要做好沟通中的"加减法"!

1. 沟通中的加法

(1)增加积极反馈:

正面鼓励:在孩子表达观点或做出努力时,父母可以给予正面的肯定和鼓励，激发其积极性和自信心。

建设性建议：在孩子提出意见或建议时，父母要采用建设性的方式，避免直接否定或批评，以促进孩子的成长和进步。

（2）增加信息透明度：

坦诚相待：父母在沟通中要保持坦诚和真实，不隐瞒重要信息或误导孩子。

共享信息：父母要适时地给孩子分享相关信息和资源，帮助孩子更好地了解情况和做出决策。

2. 沟通中的减法

（1）减少负面情绪：

觉察情绪：在沟通中父母要保持冷静和理智，避免情绪化地表达观点或做出决策。

积极应对：面对冲突或挑战时，父母要采用积极的心态和方式与孩子一起应对和解决。

（2）减少无效沟通：

明确目标：在沟通前，父母要明确沟通的目标和重点，避免无目的或漫无边际地闲聊。

精简表达：在表达观点和需求时，父母要用简洁明了的语言，避免冗长和复杂的表述方式。

（3）减少误解和冲突：

澄清疑问：在沟通中，建议父母及时澄清孩子的疑问和误解，确保双方对信息的理解一致。

避免指责：在指出问题时，父母需采用客观和中立的方式，避免直接指责或攻击孩子。

3. 综合运用加减法

（1）灵活调整：在沟通过程中，根据孩子的反应和沟通效果灵活调整加减法的运用策略。

（2）平衡和谐：在沟通中，既不过度强调自己的立场和需求，也不过分迁就孩子的立场和需求。

（3）持续学习：要持续学习和提升自己的沟通技巧和策略，以适应不同情境和对象的需求。

沟通法则：

做好沟通中的"加减法"，增加积极反馈，减少误解冲突。

多多练习：

每天在固定的时间，给孩子写一张"爱的便签"。便签的外形没有好坏之分，也无须担心字数的多少，持续地写才是最重要的。便签的内容以积极的、鼓励的、感谢的话语为主，可以是孩子的进步、突破，也可以是发现孩子的好品行、好习惯。只要是真实的，只要是父母发自内心的表达，对孩子来说都是最珍贵的反馈。写完之后，如果你的孩子还不识字，你就念给他听，大一点的孩子就让他自己看。看完后，父母可以将其放到固定的地方收集起来。

比如："宝贝，妈妈看到你今天终于学会了自己骑自行车，那一刻，妈妈好激动啊。妈妈发现我的孩子好勇敢呀，真为你感到骄傲，妈妈相信你会把自行车骑得越来越熟练。"

6.2 有价值感的孩子，更愿意全力以赴地做事

当父母能够看见孩子的好，真诚地对孩子表达出来，在孩子身上寻找亮点，盯着"行的"地方看，孩子就会变得越来越好。因为他在这样持续的"被看见"中不断地发现自己的价值，自己的努力得到认可，才更有动力成为让父母信任和欣赏的人。

有价值感和缺少价值感的孩子，他们在多个方面都存在显著差异。

有价值感的孩子会有以下优势：

（1）自我认知清晰：了解自己的优点和特长，形成明确的自我认知。他们能够接纳自己的不足，并视之为成长的机会，而不是自我否定的理由。

（2）自信自强：他们敢于面对挑战和困难，相信自己有能力克服并取得成功。

（3）目标明确：他们往往能够设定明确的人生目标和方向，清晰地知道自己想要成为什么样的人以及如何通过努力实现这一目标。

（4）情绪稳定：他们不易受到外界负面情绪的干扰，能够较好地识别、接纳和转化自己的情绪，能够保持正向地回应自己和他

人的情绪变化。

（5）人际交往能力强：能够与他人建立良好的关系，懂得尊重他人、理解他人，善于沟通和协调，能够赢得他人的信任和尊重。

（6）自律性强：能够自觉遵守规则和纪律，能够合理安排自己的时间和任务，确保按时完成并达到预期的效果。他们能够较好地分配自己什么时间玩，什么时间学习。

缺少价值感的孩子往往会有如下的表现：

（1）自我认知模糊：搞不清楚自己的优点和特长是什么，无法找到自己的价值和做事的意义所在。

（2）自信心不足：对自己的能力和价值持怀疑态度，容易因为一些小事而否定自己，缺乏面对挑战和困难的勇气。

（3）目标不明确：无法确定自己未来的发展方向，也很难说出自己对什么感兴趣。常把"我不知道"挂在嘴上。

（4）情绪不稳定：容易受到外界负面情绪的干扰，可能会经常感到烦躁、沮丧、焦虑或孤独。

（5）人际交往困难：在人际交往中可能表现出困难，可能会因为自卑、害羞或缺乏沟通技巧而无法与他人进行有效沟通。

（6）自律性差：可能会表现出懒散、拖延、抗拒或放弃等行为，缺乏主动性和积极性。

有些父母可能会说，如果孩子缺少价值感，怎么办呢？有没有

第 6 章 实现沟通目标，用你的话滋养孩子长大

什么好的方法可以提升呢？父母无须紧张和焦虑，孩子的价值感是可以通过持续有效的亲子沟通来提升的，需要长期、持续和坚持。**具体步骤如下：**

（1）积极的肯定：在沟通中，通过眼神交流和肢体语言传递爱意和支持，比如一个温暖的拥抱、一个鼓励的眼神；重视过程而非结果，与孩子保持开放、真诚的沟通，及时给予具体的表扬和肯定，强调他们的努力和成就，而非仅仅关注结果。因为父母对孩子的评价会内化为孩子的自我评价。

（2）榜样的引领：父母是孩子的第一任老师，父母的言行举止对孩子有着深远的影响。在日常生活中，父母是否展现出了积极、自信、有责任感的一面呢？在与他人的相处中，是否表现出尊重他人、关心社会、珍惜资源呢？在某项比赛中，父母给不了专业的指导和帮助，是否能陪在孩子身边，做他最热情的啦啦队呢？父母是否总能对孩子说出坚定又温暖的语言呢？面对孩子的偶像时，父母是否能做到不诋毁，而是引导孩子看到偶像身上值得学习的地方呢？

（3）机会与挑战：机会可以创造，而挑战需要面对。比如，父母可以与孩子一起做义工，感受责任与担当，让孩子看见自己的潜力和价值。

（4）给予情感关注和心理营养：父母需要注意自己的语气语调，也要注意关注孩子的语气语调。捕捉孩子的情绪变化，给予

孩子及时的安慰、关心和支持,让孩子知道他在父母的心里很重要。

通过以上几步,孩子在这个过程中可以逐渐建立起积极的自我认知和较强的价值感。孩子会高度接纳并认同自己存在的意义,也会积极努力地实现自我价值的最大化。

沟通法则:

想要提高一个孩子的价值感不容易,父母要不断地、持续地鼓励孩子,但想要摧毁一个孩子的自我价值感很容易,就是经常对他说"你不行"。

多多练习:

陪孩子经历一次从不会到会的体验,让你的孩子发现,他其实也很行。只要方法对,只要坚持做,就一定能做成。一旦体验到了这种感觉,孩子的价值感就会噌噌噌地往上涨。

6.3 多向孩子发出合作邀请，让孩子不再孤军奋战

在关系中，比赞美和感谢的能量更大的是"合作"。懂得合作，并且能把合作共赢思维运用好的父母，不仅亲子关系能变得更好，同时，孩子也具备了立足于社会的竞争力。

<u>合作共赢，简单来说，就是各方在合作过程中，通过共同努力，达到互利互惠、共同发展的目标。</u>在合作中，各方能够充分发挥自己的优势，共同解决问题，从而取得更好的成果。这种理念在各个领域都有广泛的应用，比如商业合作、国际交流等。

为什么要让孩子拥有合作共赢的思维呢？

教孩子学会合作共赢，有助于他们更好地适应社会和处理人际关系。在合作中，孩子们能够学会尊重他人、倾听不同意见、协调各方利益，这些能力都是他们未来生活和工作所必需的能力。

（1）团队精神和协作能力。在团队中，每个人都有自己的角色和职责，需要相互支持与配合。通过合作，孩子们能够学会与他人协作，共同完成任务，这是帮助孩子理解"<u>从我到我们</u>"的过程。

（2）沟通能力和解决问题的能力。在合作过程中，孩子们需要与他人进行有效的沟通，了解彼此的想法和需求，共同寻找解决

方案。这种沟通能力对于孩子们未来的人际交往和职业发展都非常重要。

（3）自信心和责任感。在合作中，孩子们能够看到自己的努力和贡献被认可，从而增强自信心。同时，他们也需要对自己的行为负责，承担一定的责任，这种责任感能够让他们更好地成长和发展。

那么，在亲子沟通中，我们如何做到与孩子"合作共赢"呢？

在亲子沟通中，父母与孩子达成合作共赢的关键，在于建立开放、尊重、理解和包容的沟通环境。**这里提供八条建议：**

（1）倾听孩子的声音：耐心倾听孩子的想法和感受，鼓励孩子进行完整的表达，给予他们充分的注意。通过倾听和表达，双方可以更好地理解对方的立场和需求。如果你是个不善于倾听的父母，请回到第一章，复习倾听的方法。

（2）建立平等的关系：将孩子视为独立的个体，尊重他们的个性和选择。在决策过程中，邀请孩子参与讨论，让他感受到自己的意见被重视。这种平等的关系有助于帮助父母与孩子共同合作建立起相互的信任和信心。

（3）制定共同目标：与孩子一起制定明确、可实现的目标，并共同制定实现这些目标的计划，让孩子感受到自己是家庭的一份子，他的努力和贡献对家庭至关重要。共同目标的实现将增强孩子的责任感和归属感，也更容易让孩子遵守规则。

第6章 实现沟通目标，用你的话滋养孩子长大

（4）尊重差异：每个孩子都有自己的个性和特点，父母应该尊重这些差异。在沟通中，不要试图将孩子塑造成你自己期望的样子，而是应该鼓励孩子发挥自己的优势和特长。尤其在多胎子女的家庭中，要让每个孩子互相学习各自的优长，而不是拿一个孩子的短板跟另一个孩子的长处相比较，那样会产生"互相嫉妒"的结果。龙生九子各不同，抱团成长更优秀。

（5）父母的示范作用：见 6.2 节"榜样的引领"。

（6）寻求共同点：在沟通中，父母和孩子可以寻找共同点，例如共同的兴趣爱好、学习一项技能等。通过讨论这些共同点，双方可以更放松地建立连接，彼此更信任，也更容易达成合作共赢的结果。

（7）保持冷静与耐心：当孩子情绪激动时，父母可以给予他们一些时间和空间来冷静思考，然后再进行进一步的沟通。

（8）持续学习和改进：亲子沟通是一个不断学习和改进的过程。在与孩子沟通的过程中，关注孩子的反馈和反应，不断调整自己的沟通方式和策略。同时，也要鼓励孩子表达自己的想法和感受，共同探索更有效的沟通方式。

合作共赢不仅有助于解决亲子的冲突和关系，还能促进家庭成员之间的和谐与幸福。同时，这种合作共赢思维也能成为孩子未来人际交往和职业发展中的宝贵财富。

💬 **沟通法则：**

想要在沟通中促成合作，就得学会"共赢思维"。人教人，百言无用；事教人，一次入心。父母邀请孩子一起完成一件事，事情做完，孩子便理解了什么叫"合作共赢"。

📖 **多多练习：**

请你邀请孩子共同合作，为家人制作一桌美食。从采购、备菜到烹饪，整个过程请孩子全程参与，好好感受"你们心往一处想、劲往一处使"的合作的感觉吧！相信一定会成为你们之间最难忘的回忆。

6.4 用爱和尊重的语言，帮孩子提升"配得感"

什么样的家庭最幸福呢？好好说话的家庭最幸福。

> 当爸爸开车走错路的时候，妈妈会笑着说："挺好的，正好能看见不一样的风景。"当妈妈炒菜炒煳了的时候，爸爸说："正好我想吃火锅了，走，咱们出去吃。"当孩子不小心摔碎碗的时候，妈妈说："没事，正好我想换新的了。"
>
> 感受此时此刻的幸福，就是最幸福的家庭。最幸福的家庭就是遇到困难，不相互指责，好好说话，解决问题。

想要孩子好好说话，父母要先于孩子好好说话。

如果父母在与孩子的沟通中，缺少对孩子的爱和尊重，而更多的是唠叨、比较、抱怨和批评，那么孩子就会产生强烈的负罪感和羞耻感，致使"配得感"会变得越来越低。

<u>配得感是什么？配得感是指个体对自己应该得到什么的坚定信念，也可以被称为"资格感"</u>，简而言之就是"我值得拥有"。这种心理感受对孩子一生的影响是深远而复杂的，具体体现在以下几个方面。

（1）心理方面。配得感强的孩子通常具有更高的自信心和自尊心，他们相信自己有能力获得好的事物，这种信念会激励他们不断追求进步；相反，配得感低的孩子容易陷入自我怀疑和否定，影响他们的心理健康。

配得感强的孩子在面对挫折和失败时，能够更快地调整心态，保持情绪稳定，相信通过自己的努力可以克服困难，实现目标；配得感低的孩子则容易因为一点小挫折就陷入沮丧和绝望。

（2）适应社会方面。配得感强的孩子在人际交往中更加自如，敢于表达自己的需求和感受，同时也更容易赢得他人的尊重和信任；配得感低的孩子则可能因为害怕被拒绝或否定而不敢表达自己的真实想法，导致人际交往受阻。

在团队合作中，配得感强的孩子能够积极参与并贡献自己的力量；在竞争中，他们也能够保持平和的心态，享受过程并尊重对手。而配得感低的孩子可能因为缺乏自信而不敢参与竞争或合作，错失机会。

（3）个人成长方面。配得感强的孩子能够根据自己的兴趣和能力设定合理的目标，并通过努力实现这些目标；配得感低的孩子则可能因为缺乏自信而不敢设定过高的目标或放弃努力。

在人生规划和决策方面，配得感强的孩子能够根据自己的价值观和长远目标做出明智的选择，愿意相信自己的判断并愿意承担后果；配得感低的孩子则可能因为缺乏自信而犹豫不决或做出错误的选择。

（4）家庭与教育环境。家庭是孩子形成配得感的重要场所。父母的言行举止、教育方式以及家庭氛围都会对孩子的配得感产生影响。

学校和社会环境也会对孩子的配得感产生影响。一个公正、包容、鼓励创新的教育环境能够激发孩子的潜能和自信心，而一个压抑、排斥或忽视个体差异的教育环境则会抑制孩子的配得感发展。

如何在亲子沟通中，帮孩子提升他们的配得感呢？

在亲子沟通中帮助孩子提升配得感是一个重要且细致的过程，以下是一些具体的策略和方法：

（1）了解并适度满足孩子的合理需求：

①理解孩子：深入了解孩子的内心世界，理解他们的真实需求和感受。这有助于我们更准确地判断哪些是合理需求、哪些是不合理需求。

②适度满足：在满足孩子的需求时，要把握好度，既不过度溺爱，也不完全忽视。通过适度满足，让孩子感受到被重视和关爱，从而增强他们的配得感。

（2）情感上给予足够关注：

①关注孩子的情绪：当孩子遇到挫折或困难时，要及时关注他们的情绪变化，给予安慰和支持。

②表达支持：通过言语和行动向孩子表达我们的支持和信任，让他们相信自己有能力克服困难并取得成功。

（3）用正面语言鼓励孩子：

①描述性鼓励：当孩子取得进步或完成某项任务时，用描述性的语言来肯定他们的努力和成就。

例如，你把房间整理得真干净，每个角落都打扫得很仔细。

②避免负面评价：在评价孩子时，尽量避免使用负面或批评性的语言，以免打击孩子，他会以为自己不配拥有某物或某人的爱。

例如，这么贵的鞋子，你小小年纪不能买，等你长大了再说吧。

（4）给孩子庆祝成就：

①设定目标：与孩子一起设定合理、可实现的目标，并鼓励他们为实现目标而努力。这有助于孩子建立积极的人生态度和追求成功的动力。

②庆祝成就：当孩子达成目标或取得成就时，要给予适当的庆祝和奖励，让他们感受到成功的喜悦和成就感。重点不在于形式是否隆重，而在于父母的心意和满满的仪式感。

（5）引导孩子建立正确的价值观：

①接触更广阔的世界：通过阅读、旅行、参观博物馆等方式，让孩子接触更广阔的世界，了解不同的人生观和价值观。这有助于孩子打破自己的固化思维，形成正确、正向的价值观。

②避免强化父母的付出：在养育孩子的过程中，不要把自己的付出与孩子的学习成绩挂钩，更不要过分强调勤俭节约而指责孩子想要的东西不应该。要站在孩子的角度审视他们的内心，引导他们客观审视自身、恰当评价自己。

（6）父母热爱、享受的样子：

①展示自信与自尊：父母要在多种场合和环境中，展示自己的自信和自尊，让孩子从大人的行为中学习到如何建立自己的配得感。

②积极面对挑战：在面对挑战和困难时，父母要保持积极的态度和行动，始终保持一颗持续学习、谦虚进取的心，让孩子看到父母是如何应对挑战并取得成功的。父母热爱生活和工作以及享受其中的样子，是对孩子最好的影响。

心到，眼到；

心到，手到；

心到，口到；

心到，脑到。

只有用心了，才能跟孩子连接上。关系建立起来了，才会发生互动和教育，否则只是父母的独角戏。

💬 **沟通法则：**

如果爱没有增加，事情不会有任何改变。

📖 **多多练习：**

1.每天在固定的时间、固定的地方给孩子一个爱的拥抱。例如，每天早晨在卧室，孩子和爸爸妈妈起床睁开眼的第一件事，就是给对方一个大大的拥抱。

2.每个周末都找个理由，给自己和孩子分别准备一份小礼物或小惊喜作为奖赏，并把这个行为变成一种习惯。比如一本书、一份美食，然后对自己和孩子说："宝贝，你值得拥有，你值得拥有这世上一切美好。"

6.5 联结家人，团结盟友

为什么有些父母看了很多书，也学了很多课，但一回到实际育儿难题中，依然是"武功全废"呢？难道是学习无用吗？肯定不是。那是什么原因呢？

答案就是大部分父母并不擅长联结家人、团结盟友，反而是自己学得越多，越忍不住指责伴侣、老人，甚至孩子学校的老师。请记住，老师是教孩子做题的人，而父母才是教孩子做人的人。

智慧的父母，不是把家人或老师等外部资源推到自己的对立面，而是要努力将他们全部变成你的育儿盟友，然后形成一个专属于你的"养育团队"。

还有一个常被我们忽视的核心问题就是，在考虑教育之前，我们需要知道自己能和孩子有多"亲"？这个"亲"，就是投入多少时间、投入多少爱，这是决定亲子关系的根本。没有好的亲子关系就不可能有好的亲子教育。

一个13岁的男孩妈妈跟我说，他婆家的男人都没什么出息，孩子爷爷、孩子爸爸再到孩子，都是"不求上进"。

> 婆家全是女强男弱，一想到这里她就很生气。她说，孩子的爸爸远不如孩子的大姑优秀，大姑家的女儿品学兼优。她在教育孩子上也算是很用心了，可孩子就是一副满不在乎的样子，学习成绩也提不上来。

你看，如果一个女人，打心眼里看不起自己的丈夫，贬低自己的儿子，试问，哪个孩子能活出绽放的自己呢？因为在这位妈妈心里压根就不相信。她不仅不相信，还要催眠全家人都要承认这个糟糕的爸爸和不争气的儿子，这不就是把自己的"队友"推出去吗？

在她百思不得其解，想不明白，为什么自己对儿子的成长和教育已经很用心了，可得来的却是这样的一个结果时，<u>她犯了一个最低级也最根本的错误，就是忽视了"队友"的重要性，更没有意识到长期给家人负向催眠的严重性。</u>

很多话说一次两次没人信，说多了，不仅你自己信了，听到的人也都信了。

想要让孩子有担当、有理想、有作为，是需要用我们的正向语言给孩子正向催眠的。可能原本他做不到，但经过我们的正向语言起到了激励作用，孩子一下就做到了。这里跟大家分享几位智慧父母的做法。

第 6 章 实现沟通目标,用你的话滋养孩子长大

(1)一天晚上,妈妈和儿子开车回家,眼看就要到家门口了,妈妈灵机一动,邀请孩子和她玩一个"抢面粉游戏"——车子后备箱有很多要拿到楼上的东西,还有一袋从超市新买的面粉,谁先抢到谁就是今晚的"抢面粉大王"。妈妈紧接着还说,儿子肯定会赢,因为儿子个高有力气、腿长跑得快。说话的工夫就到了自家楼下,妈妈刚把车停好,儿子蓄势待发立即就下了车,飞快地抢走了那袋面粉,还顺便帮妈妈拿了一些其他东西上楼。

(2)我的一位朋友,她的女儿18岁了,最近迷上了跑步,可我这位朋友呢,自己并不怎么擅长运动,于是她找到身边一位"马拉松大神",给女儿分享跑步经验,女儿的跑步知识,瞬间丰富了很多。

(3)还有一位爸爸,他的女儿很喜欢画画,于是每到周末或小长假,他都会带着孩子去看各种大大小小的画展,既给孩子进行了艺术熏陶,又增进了亲子感情。那些画家也变成了这位爸爸的育儿"盟友"。

所以,我们的"养育团队"不仅包括家人、老师,还可以是父母的朋友甚至是博物馆、图书馆、美术馆、运动场等公共资源。

我特别喜欢《爸爸军团》一书中作者布鲁斯·费勒所完成的事情——作为父母，无论我们的身体健康也好、有疾病也罢，我们终将在孩子的生命中渐渐退场，在自己还没有撒手人寰之前，就建立一个"爸爸军团"，这个军团由自己最欣赏最信赖的朋友们组成，他们会延续你对孩子们的爱与教育。

沟通法则：

团结可以团结的一切力量，为孩子赋能，为自己助力。

多多练习：

请搭建一支你的"养育团队"吧，如果只能让你选六个人，你会选择请哪六位与你一同见证你孩子的成长呢？这六个人都能给到孩子不一样的启发与帮助。请把他们的名字写下来，并写上理由。

我的"养育团队"将邀请以下六位我最欣赏且信任的人：

序号	姓名	理由
1		
2		
3		
4		
5		
6		

第7章

父母和孩子的五场"关键对话"

"生活即教育。"

——陶行知

教育家陶行知提出了"生活即教育"的教育理念。他认为,教育和生活是同一过程,教育含于生活之中,教育必须和生活结合才能发生作用。他主张把教育与生活完全熔于一炉。

陶行知还指出:"生活教育是生活所原有,生活所自营,生活所必需的教育。教育的根本意义是生活之变化。生活无时不变即生活无时不含有教育的意义。"他认为生活和教育是密不可分的,教育应该源于生活,并服务于生活。

陶行知还提出了"社会即学校"的观点。他认为整个社会就是一个大学校,人们可以在社会生活中随时随地接受教育和学习。这种观念进一步扩展了教育的范围和领域,使教育更加具有开放性和包容性。

生活是包罗万象的。它包括自然、社会、人文和人们每一天要亲身经历的点点滴滴,是给孩子实施教育的最生动的课堂。

第 7 章 父母和孩子的五场"关键对话"

恭喜你阅读到了这里。现在你对于亲子沟通，是不是已经拿到属于自己的"新地图"了呢？前面六章的内容我们讲述了"亲子沟通三角形模型"，现在到了来实际应用它的时刻了。

在养育子女的过程中，会遇到很多场景，会涉及很多话题。本章列举了父母与孩子之间必不可少的五个关键场景的关键对话，父母们可以充分使用"亲子沟通三角形模型"进行实战，也希望父母们可以举一反三，将本书的沟通方法运用到与孩子的其他沟通场景中。

7.1 格局教育：如何让"道歉"充满力量

> 小时是个三年级的小学生，胆子比较小，很多事情都需要爸爸妈妈陪着才敢去做，做事情比较磨蹭，尤其是写作业。有一天，小时从晚上七点开始写作业，写到十点还没写完，妈妈实在忍不了了，就冲小时一顿发火，吓得小时瑟瑟发抖，妈妈感觉到自己的行为过激了，但显然情绪已经无法控制，所以妈妈开始懊悔，不停地跟儿子说"对不起"。

好的道歉会为关系增加养料，而一个糟糕的道歉，可能会加速关系的破裂，让问题变得更加严重。

我们一起来看看什么是"好的"道歉，什么又是"糟糕的"道歉。

好的道歉是一种真诚、诚恳且富有建设性的表达，旨在承认错误、表达歉意，并寻求和解或改进。一个好的道歉通常包含以下几个要素：

（1）真诚的：道歉必须是发自内心的真诚表达，而非出于被迫或虚伪的回应。真诚的态度能够让对方感受到你的诚意，从而更容易接受你的道歉。勇于承担自己的错误和责任，不要试图推卸或找借口。表现出对自己行为的负责态度，能够增强道歉的可信度。

（2）明确的：可使用"对不起""很抱歉"等词汇直接表达你的歉意。但不能只用这些词语，也不能使用模糊或含糊的措辞，还需要清楚地指出你具体做错了什么。明确的道歉能让孩子明白你的认识是准确的，也显示出你对问题的重视。

（3）积极的：提供具体的弥补措施或解决方案，以显示你希望修复关系或改善现状的决心。比如道歉信、礼物、补偿或其他形式的积极行动。在道歉过程中，保持倾听的姿态，尊重孩子的感受和反应，给予孩子足够的时间和空间来表达他们的想法和感受。同时，表达你对未来如何避免类似错误的思考和承诺。这能够增加孩子对你道歉的信任度，并看到你对关系的重视和投入。

（4）持续沟通：保持与孩子的沟通，以便了解他的感受和反馈，并继续寻求改进的方法。

糟糕的道歉通常指的是那些缺乏真诚、明确性、责任感或未能有效表达歉意和解决问题的道歉方式。这种道歉不仅不能达到预期的和解或改进效果，反而可能加剧矛盾或伤害亲子双方的感情。以下是一些糟糕的道歉的常见特征：

（1）缺乏真诚：道歉时缺乏真诚的态度，可能只是出于避免更大的冲突或碍于面子而敷衍了事。这种道歉听起来空洞且没有说服力，会让孩子觉得你没有真正认识到自己的错误。在道歉中加入过多的自我辩解或解释，试图为自己的行为找借口，这种做法会让孩子觉得你一点也不真诚，反而是在为自己的行为辩护。道歉过程中忽视或轻视孩子的感受和反应，这会令孩子感到被忽视和不被尊重，进而加剧矛盾。

（2）推卸责任：在道歉中试图将责任推给别人或外部因素，而不是坦诚地承认自己的错误。这种做法会让孩子感到愤怒和失望，因为你没有展示出对自己的行为负责的态度。使用模糊或含糊的措辞来避免直接指出自己的错误，这种做法会让孩子感到困惑和不满。

（3）缺乏实际行动：只是口头上的道歉，而没有提出具体的弥补措施或解决方案。这种道歉显得空洞无力，无法让孩子看到你对解决问题的决心和诚意，也无法让孩子通过你的示范来正确认识"犯错"这个行为，并学会正确的道歉方法。

（4）反复无常：道歉后却又不时地回到原先的行为模式上，没有真正改变自己的行为或态度。这种反复无常的行为会让孩子感到失望和愤怒，也会对父母失去信心。

糟糕的道歉不仅不能修复受损的关系，反而可能加剧矛盾或伤害亲子之间的感情。

还记得一开始的那个案例吗？小时妈妈学习了"好的"道歉方式后，第二天重新向小时道歉。她神奇地发现，小时竟然露出了轻松的微笑。妈妈怎么也没想到，大大方方地、真诚地、具体地向孩子表达歉意，不仅可以得到孩子的原谅，还能给予孩子力量。过了几天，小时突然对妈妈说："犯错不可怕，可怕的是不敢承认错误。"妈妈听了后特别欣慰。

沟通法则：

内心越强大的人越擅长"道歉"，能把道歉做得好的父母，会给孩子带来满满的安全感。

多多练习：

好的"道歉"是父母与孩子之间最有效的情感修复剂。

你给你的孩子道过歉吗？请选择一种你和孩子都乐意的道歉方式，向孩子真诚地道一次歉，并用心体会你和孩子那一刻彼此的感受与情感上的连接。

7.2　心态教育：如何跟孩子谈"输赢"

俗话讲"一招鲜，吃遍天"，但教育孩子这件事绝对没有"一招鲜"，因为每个孩子都是鲜活的、具有独特个性的个体，他们需要个性化沟通和引导。

正如孩子和成人最大的不同就是：孩子的感受力强而表达力弱，成人则恰恰相反，尤其在面对"输赢"的时刻。无论输还是赢，那一刻孩子的感受很强烈，但他们无法用语言来描述那一刻的体验。

> 欢欢是个五岁的小女孩，平日里不善于表达，但心思很敏锐，因为她善于观察。一天晚饭后，她和奶奶玩跳棋，每当她赢了的时候就欢欣雀跃，可每当奶奶赢了时，她的小脸立马变得严肃起来，一丝笑容都没有了。玩了几局，奶奶又赢了，这下欢欢绷不住了，号啕大哭起来，任凭家里谁哄都无效，最后是爸爸拿出她最喜欢的抹茶味的冰激凌安慰好了。
>
> 没过一会儿，欢欢想玩新游戏（也是类似闯关的游戏），这次她邀请爸爸加入进来，奶奶、爸爸、欢欢三个人一起闯关。

> 爸爸制定了游戏规则，游戏中出现了许多机关、陷阱。玩过两轮后，欢欢总结出了游戏的规律，当她发现自己要掉进陷阱时，就会耍赖弃权，看到别人掉进去就哈哈大笑。这个游戏玩了没几轮她就又吵着不玩了，要求换别的游戏。
>
> 这时，大人们也明显观察到了孩子的反应，为了让孩子高兴，为了避免她再哭闹，于是在玩动物、植物、食物镶嵌板时，都故意找得很慢，让孩子胜利，假装自己输了，果然孩子很高兴。

在欢欢家里，家长没有意识到，和孩子聊"输赢"是给孩子的一场非常重要的心态教育。孩子需要学习如何面对输赢和应对输赢。胜不骄、败不馁的心态对孩子的一生非常重要。

欢欢的案例代表了一部分"输不起"的孩子，他们害怕失败，失败给他们带来很糟糕的感觉，这种感觉他们怎么都无法接受。

还有一部分孩子"只想赢"，在班级里，她举手，老师就要第一个叫她；她穿的裙子要比所有女生的裙摆都要大，要最闪亮；他吃的零食要比其他同学的都要贵；考试或比赛成绩不理想，会伤心、生气，嘴上喊着不公平。许多父母把这些行为当作孩子"要强"的表现，不仅没有及时引导教育，还引以为傲，让孩子愈加容不下任何比她优秀的人。甚至，有的孩子会有"自己得不到的，宁可毁掉也不能让他人得到"的错误想法。

还有一部分孩子，他们对"输赢"、"竞争"，甚至"荣誉"统统无感。他们不在乎别人的评价，不愿参加任何考试、比赛、演出等，他们不是畏惧，就是不感兴趣，就连学校里每学期的常规考试，他们也从不紧张和重视。其中有些父母认为，是自己的孩子心态好、性格好，不争不抢，有平常心；还有些父母则苦恼，孩子凡事都不参与，没有参与感，步入社会该怎么办？

上面提到的这三种类型的孩子，面对"输赢"迥然不同，要么输不起、要么只想赢，还有的孩子对输赢统统无感。那么父母要怎么沟通、怎么引导才能帮助他们建立正确的胜负观和健康心态呢？

父母可以从以下八个方面与孩子进行沟通：

（1）用日常小事引入话题：比如玩游戏、比赛或者学习上的小测验，问问他们赢了或输了之后的感受，引导他们表达自己的想法。前面例子中，欢欢的父母就可以问问欢欢："你和奶奶下棋输了的时候，心里是什么感受呀？"

（2）强调过程比结果重要：告诉孩子，在参与活动的过程中，他们所学到的东西、付出的努力以及展现出的品质（如坚持、勇气、团队合作）往往比最后的结果更加重要。这样可以帮助他们理解，输赢并不是衡量自己价值的唯一标准。

（3）培养积极的心态：鼓励孩子以积极的心态面对输赢。赢了当然值得高兴，但输了也不代表失败，而是一次学习和成长的机会。教他们如何从失败中吸取教训，总结经验，为下一次尝试做好准备。

（4）分享自己的经历：作为父母，我们可以分享一些自己过去的经历，包括成功和失败的故事。这样不仅能让孩子感受到你的亲近和支持，还能让他从你的经验中学到如何面对输赢。

（5）强调团队合作：如果孩子参与的是团体活动，可以强调团队合作的重要性。让孩子明白，即使个人表现不佳，团队的努力和协作也可以带来胜利。同样，即使团队输了，每个人的贡献和努力也是值得肯定的，当然也要允许和包容队友犯错与失败，并帮助队友找回自信。因为你们是一个团队，齐心协力才是关键。

（6）避免过度竞争：在家庭中，尽量避免过度强调竞争和比较。每个孩子都有自己的优点和特长，应该鼓励他们发展自己的潜能，而不是一味地追求超越他人。

（7）拥有欣赏和赞美他人的能力：三人行必有我师，在他人身上总有值得我们学习的地方，尤其是承认别人优秀，这对一部分心高气傲的孩子来说是件难事，正因如此，父母们才更需要引导和培养孩子们去发现别人的优点，并毫不吝啬地给予对方赞美之词。

（8）给予正面反馈：无论孩子赢了还是输了，都要给予他们正面的反馈和鼓励。肯定他们的努力和进步，让他们感受到自己的价值被认可。

通过这些方式，可以帮助孩子建立正确的胜负观和心态，让他们在未来的生活中更加自信、坚强和乐观。

成功是一种体验,失败也是一种体验。父母要有托举孩子支持孩子走向成功的力量,同时也要有陪孩子面对失败的勇气。输赢之间并非绝对的对立关系,而是相互依存、相互促进的。没有输就没有赢,同样没有赢也就没有输。它们共同构成了我们人生的完整体验。

每一个人都会有输的时候,都会有搞砸事情的时候。不准搞砸、不能犯错、不能失败,会让我们和孩子的关系变得僵化,让我们不敢直视自己,让孩子不敢尝试新的东西。很多时候,孩子面对输赢的反应,正是父母的一面镜子,它如实地反映着父母平日里对"输赢"的心态。

所以,育儿先育己,与每一位父母共勉。

沟通法则:

我们应该学会在输赢之间找到平衡点,既能追求胜利,也能勇于面对失败;既能享受成功的喜悦,也能珍惜失败带来的教训。

多多练习:

陪孩子做一件他根本完不成的事情,陪孩子一起品尝"失败"的滋味。让孩子体会到原来失败也是人生常态,我只是失败了一次,等我准备好了再来挑战它。

7.3 性教育：如何跟孩子聊聊"爱"与"被爱"

北京市妇联曾组织过家庭性教育相关的调查，结果显示 74% 的家长回避和孩子谈性。中国教科院也有类似的调查，结果显示近 50% 的家长从未和孩子提及过关于性教育的相关知识。可见，我们给予孩子的积极健康的性教育理念是严重匮乏的。其中最大的阻碍就是父母在与孩子沟通性知识时的羞耻感。

因为我们从小接收到父母传递给我们的性教育理念是保守的、羞愧的、避而不谈的，所以导致我们即便长成大人，为人父母了，谈起"性"依旧面红耳赤。

为什么要进行性教育？因为性教育也是爱的教育，是影响孩子一生幸福的教育。

我们应该怎么帮助孩子建立正确的婚姻观和爱情观呢？

首先，父母在与孩子的沟通中，可以了解到孩子对婚姻、对爱情的看法，以及他们目前处于怎样的认知水平，才好更及时准确地给孩子适宜的引导。

> 记得我之前在幼儿园工作的时候，经常听到有小男孩每天对着他喜欢的老师说："我要给你买大钻戒，我要跟你结

婚。"在我出差督导工作期间，还亲耳听到一位园长五岁的儿子对她说："妈妈，把你的首饰都保存好，以后给我媳妇戴。"孩子的这些话，代表他们早熟吗？并不是，这其实是个信号，是孩子进入"婚姻敏感期"的信号，儿童在三岁左右开始进入"婚姻敏感期"，一般会持续到五岁左右。

这时，父母需要抓住这个"可教时刻"，陪孩子练习处理人际关系、了解异性、认识婚姻、理解家庭责任。

我的一个小闺蜜，也是我们"好父母共读社"书友家的女儿。在她九岁时，我们聊起选男友的标准，她说得头头是道："第一要长得帅，第二要学习好，第三我们俩得是互相喜欢才行。"

我继续追问："为什么是这三点呢？能展开说说你的理由吗？"她继续说道："长得帅，我每次看见他就会很开心；学习好很重要，他要懂得很多知识，得聪明，不能什么都不会；光我喜欢他不行，他也得喜欢我才行！"

你看，也许你把孩子当作小宝贝，以为他听不懂，其实他们早就开始思考了。这时，父母还可以再跟孩子聊聊具体的问题，比如：

第7章 父母和孩子的五场"关键对话"

"你准备什么时候结婚啊？结婚后家务活谁来干？孩子谁带？谁负责做饭呢？"当父母用更认真、更负责的态度和孩子讨论婚姻时，他也会深入地思考。

因为早恋导致青春期孩子辍学的案例屡见不鲜。父母们并未意识到是自己缺失了对孩子的"性教育"而导致的。

> 我的个案咨询家长，跟我诉说她女儿因为早恋从一个品学兼优的好学生，变成辍学在家，需要人看着，还要靠吃药对抗抑郁的人。这位家长一边心疼一边生气。

其实早恋并不可怕，可怕的是父母、老师对待孩子早恋行为的语言和处理方式——把压力全部给到了未成年孩子。

父母要记住，一定要告诉你的孩子：在爱情面前，生命、健康永远是最重要的。尤其是青春期的孩子，他们因身体发育已经具备了做父母的条件，但他们还未具备做父母的能力，所以无论你家是男孩还是女孩，都要告诉他们，保护好自己的身体非常重要。在成人前，不能轻易和异性发生亲密行为，自愿的也不行。这一冲动的行为，可能要付出惨痛的不可逆的代价。

也许这些话，你真的说不出口，或者不知从何说起，那就请你一定要先给自己好好补课，把你缺失的"性教育"补上。这里推荐一本书《从尿布到约会：家长指南之养育性健康的儿童（从婴儿期到初中）》，书中详细描写了父母从孩子出生到青春期该如何帮助孩子塑造健康的性理念。

在跟孩子沟通性话题时，父母要遵循以下三点原则：

原则一：同性父母与孩子沟通更为方便，妈妈跟女儿聊"月经"，爸爸跟儿子聊"遗精"。

原则二：哪位家长的性知识储备更丰富、更专业，就由谁来跟孩子沟通。

原则三：孩子主动问的关于性教育方面的问题，他问多少你答多少，根据孩子的认知水平，用他能听得懂的语言，尽可能地如实回答，不能敷衍孩子。他没问的可先不用回答。如果你看完书后还是不知道怎么回答，这里推荐一部印度的性教育片《父与子的性尬聊》。

当父母能够跟孩子大大方方地交流"性话题"时，就是在给孩子传递一个理念：性，是再正常不过的事情。如果你能跟孩子把这个话题聊得很好，孩子就不会去跟陌生人、跟与他一样的未成年去偷偷地研究了。

沟通法则：

在和孩子谈论性话题时，你觉得有些尴尬是正常的。不知道也没关系，关键是积极回应，让孩子感觉到你愿意与他（她）交流性话题，你在这方面是值得孩子信赖的。

第7章 父母和孩子的五场"关键对话"

📖 **多多练习：**

请孩子说说，他理想中的家庭是什么样的？他想找一个怎样的伴侣组建家庭？在他心中，幸福的生活又是什么样子？

7.4 财商教育：如何跟孩子谈"钱"

大多数父母把注意力都放到了孩子的学科教育上，极少有父母愿意花点精力和时间告诉孩子"如何跟钱打交道"。其中，一个原因是父母觉得孩子还小未必听得懂，另一个原因是父母创造财富、管理财富的能力本身也很匮乏，这样的话，教了还不如不教。

那么，如何引导孩子正确认识财富、创造财富和管理财富呢？这里先从"财富蓝图"和大家说起。

每个人从幼年起便形成了自己的一幅"财富蓝图"。什么是财富蓝图？它就像建筑蓝图（在盖房子之前所做的计划或设计）一样，是我们对金钱所拟定的计划或是所采取的态度，进而伴随着行动或不行动。

在《有钱人和你想的不一样》这本书中，作者哈维·艾克讲到一个非常重要的公式：想法－感觉－行动＝结果。这个公式的意思是，想法产生感觉，感觉产生行动，行动产生结果。也就是说，我们每个人的财富蓝图都包含了对金钱的想法、感觉和行动。

当然，孩子对金钱的想法和行动，源于父母教育的结果——在孩子幼年，父母给孩子灌输了怎样的财富观念（我们也可以把它称之为"金种子"）。那么，这些"金种子"是怎么种进孩子心里的呢？

第7章 父母和孩子的五场"关键对话"

现在请你闭上眼睛回忆一下,在你的童年,你听到父母说过最多的关于金钱的话是什么?是下面这些吗?

> 钱是万恶之本;
>
> 越有钱的人越吝啬;
>
> 有钱会使人变坏;
>
> 有钱人很贪婪;
>
> 赚钱很辛苦;
>
> 天上不会掉馅饼;
>
> 太贵了我们买不起;
>
> ……
>
> 记得小时候,无意间听爸爸说道:"那些赚大钱的人,说不定用了什么见不得人的手段。"这句话至今让我对有钱人充满了恶意的揣测,而且也让我对"手段"产生了兴趣,但苦于一直没有找到适合我发财的有效手段。于是,我只能赚点小钱。

你发现了吗?语言的制约力可真是太强了。

> 几年前,我叫了一辆网约车(和其他顺路的乘客一起拼的车)。车上一对母子,先是妈妈对儿子说:"今天我们买到

> 特价菜省了不少钱。"随后听到她八岁的儿子说:"妈妈,有一部电影我很喜欢,但是咱们不用去电影院,等着网上有了免费版,咱们可以在家看,还能省下买电影票的钱。"

所以,现在你知道为什么有的孩子天生就很节俭,而有的孩子从小就大手大脚花钱没有节制了吧。这都是父母种进孩子心里的"金种子",不是孩子天生的理财观念,而是孩子模仿父母行为的结果。

正好那段时间,我有机会去采访金融学教授阎志鹏。阎教授写过一本儿童财商启蒙书《三个存钱罐》。我当时跟阎教授讨论前面这个案例故事,我问道:"'钱是赚来的,不是省出来的。'这句话,教授您怎么看?"阎教授给我的回答是:"赚钱能力固然重要,但储蓄能力更重要。我们给孩子做财商教育,是要让孩子理解赚钱、花钱和储蓄是同等重要的。"

这令我恍然大悟,父母们在给孩子做财商教育,引导和塑造孩子健康的财富观念的同时,一定不要忘记觉察和反观自己的"财富蓝图",自己在赚钱、花钱、储蓄上,过往都是如何规划的,取得了怎样的结果。

借着教育孩子的机会,父母们不妨将"家庭财务支出分布图"

整理出来，以年、月为单位，把家里的花销做一个公开透明、清晰可见的梳理。做这件事的好处是，既能帮助孩子理解钱要怎么合理分配，又能告诉孩子想要和需要的差别，更重要的是全家人都可以清晰地看见家庭财务支出——钱都花到了哪里，哪些是合理支出，哪些是不合理支出。如果将钱花到买书、上课等学习事项上，可以告诉孩子这属于对智力的投资，如果把钱花到买名牌衣服、吃喝玩乐上，这属于消费。

每年春节孩子们都会收到不少的压岁钱，压岁钱的处理方式，也是父母对孩子做财商教育的重要机会。<u>我非常赞同让压岁钱陪孩子一起长大。</u>

我们可以帮助孩子单独开一个账户，把他每年收到的压岁钱存起来，并让孩子看到利息的增长，给孩子讲什么是复利，帮助孩子了解投资有收益也有风险的道理，避免孩子将来被骗。

<u>财富不是越多越好，拥有财富越多的人，相对应的社会责任也就越大。只有具备承担得起这份责任的人，才能得到和支配好巨额的财富。</u>

每个人幸福的配方不一样，每个人拿到的人生剧本和使命也不尽相同。考好大学，进入好单位，赚取高工资，或者创业当老板，赚大钱，光宗耀祖，这只是培养孩子的终极目标的一个阶段，持续做自己才是最大的成功！

沟通法则：

拥有创造财富、管理财富的能力，才是父母给孩子做财商教育的正确方式。

多多练习：

你平时在孩子面前说过哪些关于金钱的话？请将其写下来。回想一下，这些话你又是从哪里听来的。

序号	我经常对孩子说的5句关于金钱的话	我是从哪听来的
1		
2		
3		
4		
5		

这些语言并不属于你，当然也不要让它们制约了你的孩子，请一定看见它、扔掉它，换成积极正向的财富语言，重塑你自己和孩子的财富观念。

7.5 生命教育：如何帮孩子理解"告别"与"死亡"

> 昊昊今年八岁了，在他六岁那年，奶奶去世了，家里人觉得孩子还小，还不能理解离开和永别的概念，于是不想将实话告诉孩子，不希望孩子跟着伤心。索性在处理奶奶丧事的那几天，父母把昊昊送到了亲戚家。
>
> 现在，昊昊经常问爸爸妈妈："我奶奶去哪了？我好久好久都没见到她了，我梦见奶奶了，而且我听姑姑家哥哥说，我奶奶死了，你们快说，我奶奶呢？"
>
> 父母就这样在孩子的一再逼问下，说出了实话，孩子哇地一声号啕大哭！

孩子一生与父母、亲人要经历六次重要的分离，每一次分离都在教会孩子一个正确的告别。一旦人为地阻止了某一场重要的分离，没有做好正确的告别动作，将会阻碍孩子对生命的理解，产生对自我的质疑。其中最艰难的是父母不知该如何跟孩子说清楚。

昊昊的父母正是如此，他们不是不想说，而是不知该怎么说，才导致一直隐瞒和欺骗昊昊。这背后是带着恐惧的爱，也正是这种爱阻碍了父母与孩子正确沟通"告别"与"死亡"。

> 有一天,昊昊妈妈找到我,她说,为了缓解和安抚孩子对奶奶的思念,她找了一些奶奶生前的照片给孩子看,孩子经常做梦梦见奶奶,梦醒了孩子就会哭,昊昊妈妈为此伤神、伤心,却束手无策,问我应该怎么办。
>
> 这时,我问昊昊妈妈,你知道孩子一生中要和你经历几次重要的分离吗?

我们经常被教导如何相聚,却几乎没有人教过我们怎样离别。孩子和妈妈一生中要经历六次重要的离别。

第一次,<u>是孩子剪掉脐带的那一刻</u>,是身体上和妈妈的分离。在出生前,孩子和妈妈心跳连在一起,呼吸连在一起,营养也是由妈妈通过脐带供给孩子。当脐带剪断的那一刻,孩子从妈妈的身体里独立出来,身体上正式分离,可是在精神上、心理上与妈妈依然属于共生状态。

第二次,<u>是孩子三周岁独立去上幼儿园的时候</u>。他背上小书包,与妈妈挥手道别,转身迈进幼儿园的大门,这是孩子从心理上与妈妈做第一次的分离。因为孩子要去做他的事情了,他在幼儿园吃得好不好,睡得香不香,妈妈都不用太过焦虑了,这是孩子需要自己去面对的事情。

第 7 章 父母和孩子的五场"关键对话"

第三次，是孩子上小学的时候。当孩子走进学校的大门，他从此多了一个身份，叫学生。从此之后在他的人际交往中，不仅有爸爸妈妈、其他家人和熟悉的伙伴，还有学校里的老师、同学，孩子要学会与他们建立师生关系和同伴关系。

第四次，是孩子过18岁生日的那天。这个时候他又多了一个身份，成年的社会人。在投票选举人大代表中，他已具有了投票选举权。有些孩子背上行囊远离家乡，有些孩子甚至独自一人海外求学，他们开启了自我管理的新旅程，也要为自己的行为负起法律责任。这时，父母也要把孩子当作一个成年人来对待，这是孩子和父母非常关键性的一次分离。

第五次，可能你已经猜到了，对，就是孩子结婚成家。他从和父母在一起的原生家庭走出来，找到他的伴侣，组建了一个新生家庭。这个时候他需要的是父母给予足够的空间、足够的尊重和边界感，要承认他已经独立了。他也能为他的小家庭负起责任了。所以，父母要把精力放在过好自己的晚年生活上，孩子才能过好他的生活。

第六次，也就是真正的分离了，是父母离开这个世界。这个时候，孩子能不能面对这个事实的发生，跟父母之前对他的教育息息相关。父母有没有教给孩子面对死亡的勇气？他能不能带着爱、带着尊重、带着幸福感和父母做生命最后的告别？

如果在这六次分离中，我们都是稀里糊涂地度过，没有帮助孩子理解分离的意义和价值,没有跟孩子聊过短暂的分开是为了更好的相聚,长久的别离是生命的轮回。那么,你现在该给孩子补上这堂生命教育之课了。

于是,我教昊昊妈妈如何帮孩子做一次与奶奶的正式"告别",从心理上接受这个事实。我们用了"空椅子"的意象对话法,果然孩子在过程中流泪、接纳、成长了。这件事也让昊昊父母开始重视与昊昊的每一次真实而又关键的沟通。

在面对生死离别的话题时,最好的教育方式是抓住每一个"可教时刻"——妈妈去上班,要与小宝贝坚持说再见,即便他哭,也要说,而不能像做贼一样偷溜,再小的孩子也有听真话的权利。相信我的妈妈们,基本坚持到第四天,孩子就会跑过来主动和妈妈说再见了。不哭不闹的有爱的告别,多好!

随着孩子年龄的增长,当他看见春天小草发芽,秋天落叶满地,小动物不幸离世,邻居阿姨生了小宝宝,这些时刻,都是你可以和孩子聊聊生命的时刻。因为植物的生长、动物的埋葬、小宝宝的降临……对于孩子而言都是最鲜活的生命之课。

孩子再大一点,甚至离家独自求学或工作,与父母一起交流的时间会变得更少,这时,父母可以用文字的形式教会孩子"告别"。一条便利贴写上父母对孩子的关心与提醒,一封家书写满你们分隔两地的生活趣事,一张明信片载着你们对彼此的祝福。这样,爱便也在其中生根发芽啦!

沟通法则：

"分离"是在分开的这段或长或短的时间里，彼此明确地知道都在做什么。

"告别"是让孩子在安全、被爱中去分离，没有恐慌，没有欺瞒，是充满安全感的，是真诚的被告知。

多多练习：

假如你的生命只剩下三个月，你想对你的孩子说点什么？如果用一封信的形式呈现，你会怎么写？

笔记栏